珍藏本·增订本

纪念版

汉译世界学术名著丛书

个体与国家

〔英〕赫伯特·斯宾塞 著

林斯澄 译

商务印书馆
SINCE 1897
The Commercial Press

Herbert Spencer

THE MAN VERSUS THE STATE

London: William & Norgate, 1885

本书根据伦敦威廉与诺盖特出版社 1885 年版译出

汉译世界学术名著丛书
(120 年纪念版·珍藏本)
增订本出版说明

2017 年 10 月,为纪念商务印书馆创立 120 周年,本馆推出“汉译世界学术名著丛书”(120 年纪念版·珍藏本),计七百种。近五六年来,仰赖学界同人倾力支持,订正旧译,增补新译,拓展新著,积累日多。为满足读者需要,本馆在七百种的基础上,继续推出“汉译世界学术名著丛书”(120 年纪念版·珍藏本·增订本)三百种。至此,“汉译世界学术名著丛书”累计出版,已达千种。

今后,本馆将继续推进丛书的翻译出版工作,在积累单本名著的基础上陆续分辑刊行,汇印出版。为促进中外文明互鉴、推动我国学术发展,使“汉译世界学术名著丛书”这项对我国学术文化有基本建设意义的重大工程发挥更大作用,诚望海内外学术界、翻译界继续给予支持,帮助我们把这套丛书出得更好。

商务印书馆编辑部

2024 年 2 月

汉译世界学术名著丛书
（120 年纪念版・珍藏本）
出 版 说 明

2017 年 2 月 11 日，商务印书馆迎来 120 岁的生日。120 年前，商务印书馆前贤怀揣文化救国的理想，抱持“昌明教育，开启民智”的使命，立足本土，放眼寰宇，以出版为津梁，沟通中西，为中国、为世界提供最富智慧的思想文化成果。无论世事白云苍狗，潮流左右激荡，甚至战火硝烟弥漫，始终践行学术报国之志，无改初心。

迻译世界各国学术名著，即其一端。早在 20 世纪初年便出版《原富》《天演论》等影响至今的代表性著作，1950 年代后更致力于外国哲学和社会科学经典的译介，及至 1980 年代，辑为“汉译世界学术名著丛书”，汇涓为流，蔚为大观。丛书自 1981 年开始出版，历时三十余年，迄今已推出七百种，是我国现代出版史上规模最大、最为重要的学术翻译工程。

丛书所选之书，立场观点不囿于一派，学科领域不限于一门，皆为文明开启以来，各时代、各国家、各民族的思想与文化精粹，代表着人类已经到达过的精神境界。丛书系统译介世界学术经典，引领时代思想，为本土原创学术的发展提供丰富的文化滋养，为推动中国现代学术和现代化进程做出了突出的贡献。

为纪念商务印书馆成立120周年，我们整体推出“汉译世界学术名著丛书”120年纪念版的珍藏本，寄望既利于文化积累，又便于研读查考，同时向长期支持丛书出版的译者、编者和读者致以敬意。

两甲子后的今天，商务印书馆又站在了一个新的历史时间节点上。我们不仅要铭记先辈的身影和足迹，更须让我们的步伐充满新的时代精神。这是商务人代代相传的事业，更是与国家和民族的命运始终紧密相连的事业。我们责无旁贷，必须做好我们这代人的传承与创造，让我们的努力和成果不仅凝聚成民族文化的记忆，还能成为后来人可以接续的事业。唯此，才能不负前贤，无愧来者。

商务印书馆编辑部

2017年10月

中译本导读

“现在，谁还阅读斯宾塞？”此等豪言出现在美国社会学家塔尔科特·帕森斯1937年巨著《社会行动的结构》一书的开篇。这是帕森斯对斯宾塞下的战书，潜台词不过是：“现今，社会学应该换一个范式了！社会学轮到我来掌握话语权，而斯宾塞应该被扫入故纸堆中。”帕森斯这种信心满满的背后其实隐含着一种未曾言明的危机感，因为他知道，斯宾塞的书不是时人不读，而是读得太多了！

斯宾塞在19世纪末20世纪初到底有多受欢迎呢？这从他作品的印数中可见一斑。1860—1903年，美国出版商阿尔普顿公司将斯宾塞的著作引进美国本土，共出版368 755册。值得注意的是，这个数字并不包括斯宾塞著作在英国本土的出版量以及在海外的盗版量。因此，学者迈克尔·泰勒估计，斯宾塞的著作在19世纪的总出版数已达到百万册之巨。

斯宾塞不仅拥有大量读者，而且受众层次相当之高，例如威廉·萨姆纳、托尔斯坦·凡勃伦、威廉·詹姆士、杰克·伦敦、安德鲁·卡耐基、约翰·杜威、托马斯·赫胥黎、查尔斯·达尔文、严复、章太炎等名家。如果那时的书商也时兴用名人推荐语做腰封广告的话，那么斯宾塞著作的腰封设计起来可以说是不费吹灰之力。

然而，确如帕森斯所言，随着时间的推移，斯宾塞的读者越来越少，最终也被众人遗忘。虽然这种命运对于写作者来说并不罕见，然而像斯宾塞这样其兴也勃焉，其亡也忽焉的巨大落差在历史上却也屈指可数。为何在现今，不仅是普通读者，而且包括学院专家，对斯宾塞都只闻其名而不读其文呢？斯宾塞理论的历史缘起和现代遗产又是什么呢？这是本篇导读想要浅析的问题。

下面，我们先来追溯一下斯宾塞的生平及其著述。

赫伯特·斯宾塞，1820 年生于英格兰中部的德比郡。德比郡虽然不是历史悠久的发达地区，但因为纺织手工业的兴起，逐渐在英格兰经济生活和文化思想中占有一席之地。这里弥漫着浓厚的不服从国教氛围。[①] 斯宾塞的父亲乔治·斯宾塞是一名私立学校教师，主教数学和自然科学这两大正统国教教育所并不重视的学科。在此等宗教氛围和科学精神的哺育下，斯宾塞自小就养成了对自然世界的探究兴趣，而对正统的古典文法教育则意兴阑珊。这种反传统的气质不仅体现在他的思想倾向上，也体现在其日常生活中。少年时期，斯宾塞曾被寄养在叔叔托马斯·斯宾塞家中接受教育。有一次，斯宾塞同叔叔一起参加英格兰乡间常见的舞会活动，有人想邀请小斯宾塞一起跳舞，叔叔义正词严地代替他拒绝了邀请："姓斯宾塞者从来不跳舞！"家族传统中的禁欲精神和自小养成的科学素养一同成为斯宾塞一生的特质，这既是他成功的因素，也是他痛苦的根源。

这种家族环境和成长氛围促使斯宾塞走上了与传统英国文人

① 不服从国教者泛指英国宗教改革之后，不信奉英国主流国教和实践其礼仪的基督新教信徒，包括卫斯理宗信徒、贵格会教友等，他们大多反对政治和宗教权威，主张个体宗教体验和实践。

不同的职业生涯和写作道路。斯宾塞并非学院派，和查尔斯·狄更斯一样都是在城镇乡间历经摸爬滚打而长大，最终误入伦敦文人圈的。接受完家庭教育之后，斯宾塞因为不服从国教者的身份和对古典语文学的厌恶，无法进入牛津和剑桥等传统大学深造，因而只能较早步入社会谋求生计。他做过铁路工程师、教师、编辑等职业，不过最终还是走上了以文为生的道路。因为早年的写作经历和编辑经验，在 19 世纪 50 年代，斯宾塞有幸获得担任《经济学人》助理编辑的机会。自此，他开始长居伦敦，在正式工作之外还以撰写时评和专著为生，以此在传统文人和小说家这两种写作模式之外，找到新的科学文人式的职业写作模式。这段时间，他所撰写的文章都以长文形式发表在当时的报纸杂志上。维多利亚时代正是报刊等纸质传媒大发展的黄金时代，各种期刊、评论、日报、周报层出不穷。《爱丁堡评论》《威斯敏斯特评论》《不列颠季刊》等观点偏激进的刊物成了斯宾塞的发声场所，他文章的主要议题涉及自由贸易、政府职能、自然教育、铁路政策、演化理论等，这些都是维多利亚女王治下 19 世纪 50 年代的主要思想争论。可以说，他的作品时效性和针对性极强，在当时不乏读者追捧。

此后，以文扬名的斯宾塞慢慢进入伦敦的中上层知识分子圈中，他结识了乔治·艾略特、乔治·刘易斯和托马斯·赫胥黎等好友。其间，他还与艾略特有过缘分，不过最后理智压倒了情感，斯宾塞从这段情感中退缩，孤独终生。

后来，斯宾塞继承了叔叔的遗产，有了稳定积蓄再辅以一定声望，他决定辞职专心写作。通过订阅制的方式，斯宾塞从美国读者处募集到了足量的预付款，于是在 19 世纪 50 年代后期退隐伦敦市郊，雇用起了管家和助手，开始了余生漫长的隐居写作生涯。斯宾塞选择这种离群索居的写作生活，一方面是由于其写作计划极其宏大，需要耗费大量时间收集和整理横跨各个学科和来自世界各地的笔记材料；另一方面也是出于他自身的健康考量，因家族整体性的清教工作伦理和禁欲风格，中年的斯宾塞和父亲一样，精神和身体极度紧张，一度陷入精神崩溃的境地。自那以后，斯宾塞坦言自己无法过多社交，甚至不能长时间读书和写作，只能过上一种半写作半疗养的隐居生活，每天工作几小时后就需要散步和休息以恢复精神。然而恰恰在这段漫长的余生中，斯宾塞越发高产，完成了十卷本的综合哲学写作计划。

1860 年，斯宾塞首次明确了人生的宏图伟业——写作一套十卷本的体系性著作，横跨形而上学、生物学、心理学、社会学和伦理学五大领域。在构想中，斯宾塞希望以演化论来贯穿人类世界的各大领域，对上至天文地理、下至历史社会的万千现象提供一个合理且统一的解释。其中最为核心的是“演化”（evolution）这个概念。在斯宾塞看来，演化是事物由简单到复杂、由同质到异质、由分化到整合再继续分化继续整合的永恒运动过程。当然，此等演化过程不一定意味着事物的向前发展与进步，动态演化也可能导致事物解体。庞大的演化过程虽非完全一帆风顺的，但其普遍性不容置疑。在这套综合哲学著作中，斯宾塞及其助手收集与铺陈了各种演化实例——从纯粹物质领域到宏观社会风俗再到抽象伦理观念，演化无所不包、无处不在。

具体到社会演化方面，斯宾塞认为人类社会的演化由起先的家庭走向扩大的氏族，然后通过战争不断联合、兼并，形成了更大的政治体。这种以军事行动和自我保存为目标的社会被斯宾塞冠以“军事社会”之名，古代王国是为典型代表。社会的演化过程不仅是规模的增大，也具有功能的分化。这种大规模共同体的形成原先仅仅是为结成临时性军事组织以求自保，但随后为了进一步增强战斗力以面对恶劣的外部环境，此共同体逐渐在非常规性的军事动员之外，分化产生了常规性的政治权力、思想性的宗教组织和日常性的风俗习惯。三者相互结合，支持起了军事社会的多维度整合与控制。

然而，随着外部敌意的减少，军事社会也将迈向新阶段，演化为“生产社会”。受到法学史家亨利·梅因的影响，斯宾塞认为现代社会是一个基于契约而形成的生产社会。其典型特征就是强制性社会动员的减弱，个体从社会中解放出来，通过自愿定约结成社会组织，进行社会生产，个体与个体、组织与组织、个体与组织之间互通有无，形成一个去中心的相互分工依赖的均衡社会秩序。因此，斯宾塞有关政治社会的观点与传统政治家大为不同，他不认为军事社会留存下来的贵族权威可以继续驾驭这个新兴的愈发错综复杂的有机体，生产社会能够实现自我调节和修正。这种论调与英国传统的政治经济学类似，但不同的是，斯宾塞并没有用数理方法来刻画这种均衡的实现机制。早年基于自身信仰，斯宾塞认为均衡秩序是神圣意志的善意结果；后来，斯宾塞用一套更为自然主义的功利主义人性假设和生物演化机制取代了神意解释。虽然斯宾塞的世界图景有其先后变迁，但自始至终他都认为社会有机体的均衡秩序不单是种静态的力学均衡，不仅无法用数理模型进行精确刻画，而且在某种意义上其演化机制也超出了人类智能所能

理解的范围。

正是在斯宾塞等理论家的推动下，维多利亚时代的读者在把社会想象成一个力学意义上的机械体之外，也逐渐开始把社会想象成一个生物学意义上的有机体。这个有机体内部互有分工又相互依赖，从而构成一个有活力的整体，这正是著名的社会有机体学说。在斯宾塞看来，传统政治权威的干预只能扰乱社会有机体的自然进程，使得有机体产生不自然的疾病。因此，在传统政治学之外，人们还需要有一门新型科学——社会学。如果说个体生理学是研究人体等生命体生理特征的科学，那么社会生理学就是研究社会这个超越个体层面的超有机体的整体生理特征的科学。斯宾塞作为英国社会学的奠基人，一开始就将社会学奠基为一门社会生理学，其目的是帮助人们认识社会这个有机体在受人为干预之前的本来面目。

至此，有心的读者不难发现，斯宾塞的社会有机体论和社会演化论之间似乎存在一大缺环。为何中心化的军事有机体会自然而然地演化成去中心化的生产有机体？其推动力真如斯宾塞所言，仅是外部生存压力的减弱与内部管制的放松等一系列宽松环境及其孕育出的相应人性与社会制度？早年的斯宾塞信誓旦旦，认为生产社会是历史目的之终结；但是在晚年，他越发感到人类历史陷入永恒的周期反复中，在军事社会和生产社会两者间周期性摇摆。我们甚至可以说，社会与人性永远朝着现代演进，却从未现代过。确实，将现代社会想象成一个纯然的生产社会，这与其说是社会演化论的必然推论，不如说是斯宾塞强烈现代意识或者英国意识的结果。在19世纪，英国理论家偏好自由政制，热衷于将现代社会描绘成一个去中心化的商业社会或生产社会;而欧陆理论家,尤其是法国理论家圣西门、孔德等人,则承认现代社会即便是生产或工业社会(industrial society),也摆脱不了中心化的特征。在前者眼中,现代社会已经不再需要军事或者政治机构作为大脑中枢来对整个有机体实行强力控制,生产与商贸活动、个人社会交往等足以构成庞大的周围神经系统和血液循环系统,保证社会有机体的正常运作;而在后者看来,考察社会演化不仅要考究社会组织和社会制度的变化,更要研究作为社会神经中枢的统治精英的更迭情况,研究政治权力如何由传统的贵族与教士传递到现代的科学家与工商业者手中。可以说,政治与社会的关系及其科学模型类比是英法两大社会理论传统在 19 世纪的一大核心争论。

简言之,斯宾塞把演化理论推广到了人类自然与历史的方方面面。纵使有的时候,演化理论无法圆融地解释世间万千现象,但是其磅礴宏大和深奥玄妙还是给当时的读者留下了深刻印象。这使得斯宾塞成为英美读者心中的哲学大家,时人奉之为维多利亚时代最伟大的哲学家。以演化论为核心的综合哲学体系也取代了传统的圣经解释,为维多利亚时代的人们理解和解释万事万物之意义提供了一个简明有力的理论框架。

然而,斯宾塞在当时的知识场域中并非无可置疑的权威。好友赫胥黎不满他这种追求整全的写作风格,说其理论很容易被简单的事实击溃。在赫胥黎和达尔文这些受过博物学训练的专家看来,斯宾塞的论断过于大胆,已经超出了经验性的博物学范畴,上升到了形而上学维度,涉及宗教和哲学领域。这导致很多问题不再通过经验归纳来澄清,而需要借助演绎推理来推论。因此,演化理论在经验事实上就难以验证或容易证伪，新兴科学圈子就此质疑斯宾塞的演化论不够科学。

另外，传统学院派出身的文人接受的都是古典教育或者宗教教育，一点也不喜欢斯宾塞的自然主义解释：如果整个世界的根本动力不过是“适应”“适者生存”这些外在机制，那么生命自身的神圣性和活力又从何谈起？因此，传统文人圈子批评演化论过于物质论与科学化。

很可惜，19 世纪 70 年代以后，斯宾塞几乎淡出了公众视野，很少在公共刊物上发表文章来回应人们对他的质疑。隐居生活和辛劳工作使他无暇旁顾，他在晚年更为关心的是自己能否信守承诺，于有生之年完成十卷本的综合哲学著作。回应质疑对早已闻名和早有积蓄的他来说，已不是最紧要之事。此时，他与雇佣的助手一同，终日埋首于整理来自世界各地和出自历史典籍的社会人类学材料，将之编入他庞大的社会学研究体系之中。纵使如此，斯宾塞还是在 18 世纪 80 年代写了四篇文章来回应时人的质疑，该组政论文发表在 1884 年的《当代评论》上，并于次年集结成单行本，以 *The Man Versus the State* 为名出版。这就是读者眼前所见的这本《个体与国家》。这组文章虽然没有直接言及斯宾塞的整体演化理论，但也多少折射出他基于自身理论推演对时事的认识与担忧。

19 世纪 80 年代，随着英帝国国力的衰败，内忧外患随之而来。内部是大众政治与劳工问题，外部则是殖民竞争。此时，斯宾塞所预见的保障个体幸福和自由的生产社会并没有到来。相反，为了改善国民福利、赢取大众选票、维持国际竞争力，西欧国家越来越多地采取军事社会才会采取的措施。无论是德法之间的军备竞赛，还是各大官僚制度的建立与铺展，在斯宾塞看来都预示着一种涌动的时代逆流，这迫使他不得不在此书中做出回应。

整体而言，在《个体与国家》一书中，斯宾塞需要应对的一大问题就是如何保存自然权利，从而限制当时英国无限扩张的议会权力及其官僚制度。在他看来，当英国人对传统神学逐渐失去信仰之后，自然权利概念完全可以奠定在新的自然法之上。这种自然法不同于由议会主权赋予效力的实定法，而是完全基于一个最为纯粹的不可还原的自然事实和生命事实，也即人作为生命本身的生存正当性。从这种个体生命的正当性出发，任何有助于个体生命发展的活动都被他视为正当的自然权利，而发挥生命活动的空间也被他看成个体正当的生存空间。当个体遇到其他具有同等权利的个体时，当两者的生存活动和生存空间产生相互制约时，不受限制的个体权利才需受到伦理限制。除此之外，任何别的性质的干预都是对个体生命本身的不当干预。毫无疑问，斯宾塞的这种理论建立了一套新的不同于传统神学的人性论。人的生命活动和生存空间及其形塑的权利观念，不再是一开始就被神圣意志所划定，而是需要在历史互动与社会演化的过程中不断生成与塑形。斯宾塞在开启人性与社会的自然主义解释的同时，也为两者的演化历史考察留下了众多探究空间。

很可惜，时人似乎无法全面理解斯宾塞晚年的努力。在思想的外在环境上，大众政治和大国竞争使得英国人愈发偏向格莱斯顿等自由党人和海德曼等社会民主联盟人士的官僚集权道路；而在学术的内在理路上，斯宾塞的社会有机体生理学也遭到学界质

疑。贝特丽丝·韦布是斯宾塞好友的女儿，由他看着长大，但她在参加完查尔斯·布斯组织的针对伦敦劳动和伦敦生活的大型社会调查后，开始质疑斯宾塞的社会生理学过于空想。虽然斯宾塞依然强调自身学说作为社会生理学，对社会调查所渴求的社会病理学具有指导作用，然而毫无疑问，在劳工问题越发严峻和大型官僚制日益兴盛的英国，当局和学界其实更需要一门社会病理学及其配套的社会政策研究。

人们在漠视斯宾塞的同时，也在误读斯宾塞。随着作品被翻译和引荐到各个国家，人们对他的误读也越来越多，"社会达尔文主义""自由放任"成了时代贴给斯宾塞的典型标签，斯宾塞似乎成了残酷竞争的鼓吹手。其实人们忘记了斯宾塞矢志不渝的坚持，在他看来，竞争从来不是个人生活的目的，生活的最终目的不过是幸福和自由，而个体正是这种幸福和自由真正的感受者和担当者。

1903 年，斯宾塞在完成了鸿篇巨作和个人自传后，最终于伦敦病逝，并葬于伦敦北郊的海格特公墓，与故旧乔治·艾略特和对手卡尔·马克思毗邻。他一生克己禁欲未曾结婚，却留下了丰厚的科学文化遗产，其个人生命的终结多少预示着欧洲黄金时代的谢幕。

诚如帕森斯所言，今天我们已经很少再细读斯宾塞的著作了，但这并不意味着我们遗忘了他。相反，斯宾塞的理论多少成了人们思考社会现象的底色。

在学术研究领域，无论是埃米尔·涂尔干和斐迪南·滕尼斯等欧陆理论家有关社会团结和社会类型的讨论，还是二战后英语社会学界与人类学界基于新达尔文主义对于历史发展和社会变迁的论争，都与斯宾塞的理论传统密不可分。甚至早年想要告别斯宾塞的帕森斯，在晚年为了解释社会变迁也不得不重新拾起社会演化论。此后，在大历史写作中使用宏观的演化理论，在社会学中引入生物学以解释社会现象，也已成为惯常的研究套路。然而十分遗憾，中文世界虽然对斯宾塞传统影响下的学术研究引介良多，但对斯宾塞学说本身的翻译和研究仍有待精进。

而在社会生活领域，社会达尔文主义、竞争与内卷、调整与适应也不时成为文化生活的热词。可以说，今天我们虽不读斯宾塞，却仍生活在他所描绘的社会图景中。为此，译者希望本书的出版有助于大家回望百年前的斯宾塞，加深我们对自身所处世界的认知和理解。

林斯澄

目　录

前　　言

在 1860 年 4 月的《威斯敏斯特评论》(*Westminster Review*)上，我发表了一篇名为《议会改革：危险和保险》("Parliamentary Reform: The Dangers and the Safeguards")的文章。在那篇文章中，我冒险做出预测，以说明那时所提出的政治变革的可能后果。

最简明扼要地来说，该文认为，除非采取适当的预防措施，否则形式自由的增长将伴随着实际自由的减少。我这种旧有信念没有被任何事情改变。自那时起，我已经多少预见到立法的变动。专断的措施迅速倍增，以致持续压缩个体的自由。

这种现象体现在两个方面：管制逐年增加，将公民之前未受限的行动限制在特定范围内，也强制他必须做出之前可做也可不做的行动；同时，更为繁重的公共负担(主要是地方性公共负担)更进一步限制了他的自由，因为他收入中可自由支配的部分减少，而为公共所肆意攫取的部分增多。

造成这些影响的原因，自那时起见效并持续运作，现今还可能得到增强。我既然已经确证了上述的因果作用，就也急切去阐述和强调其在未来的可能后果，并尽微薄之力来警醒世人注意这些危险的恶果。

下面的四篇文章正是为此而作，原先分别刊载于《当代评论》

(*Contemporary Review*)今年的2月号、4月号、5月号和6月号上。为了回应那些批评和消除可能的反对,我于此又增设了一篇后记。

1884年6月于贝斯沃特

新托利主义

现今大多数所谓的自由党，不过是一种新形态的托利党。我打算就此澄清这种名实不符。为证明所需，首先我必须指明两党的原始形态；同时我也有必要恳请读者容许我提及他所熟悉的事实，以此使他深刻了解托利主义和自由主义名副其实的内在本质。

追溯到两派命名之前，在一开始，两者就分别代表了两种对立的社会组织形态，我们可以明显将之区别为军事形态和生产形态。① 前者是身份体制(the regime of status)，在古代世界广泛分布；后者是契约体制(the regime of contract)，在现代世界愈发普

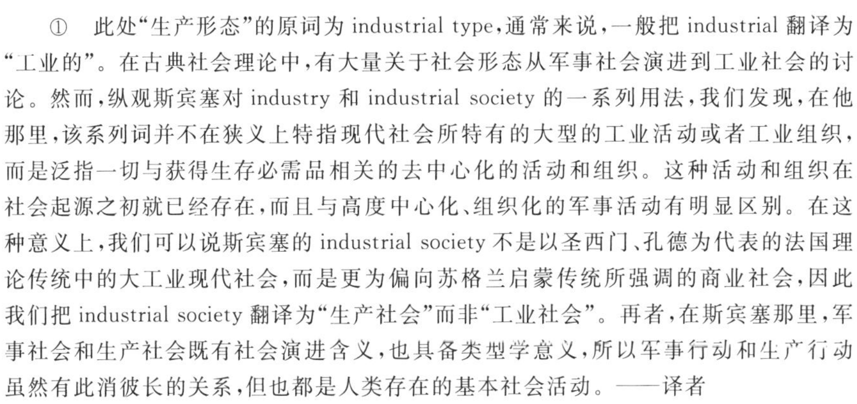

① 此处"生产形态"的原词为 industrial type，通常来说，一般把 industrial 翻译为"工业的"。在古典社会理论中，有大量关于社会形态从军事社会演进到工业社会的讨论。然而，纵观斯宾塞对 industry 和 industrial society 的一系列用法，我们发现，在他那里，该系列词并不在狭义上特指现代社会所特有的大型的工业活动或者工业组织，而是泛指一切与获得生存必需品相关的去中心化的活动和组织。这种活动和组织在社会起源之初就已经存在，而且与高度中心化、组织化的军事活动有明显区别。在这种意义上，我们可以说斯宾塞的 industrial society 不是以圣西门、孔德为代表的法国理论传统中的大工业现代社会，而是更为偏向苏格兰启蒙传统所强调的商业社会，因此我们把 industrial society 翻译为"生产社会"而非"工业社会"。再者，在斯宾塞那里，军事社会和生产社会既有社会演进含义，也具备类型学意义，所以军事行动和生产行动虽然有此消彼长的关系，但也都是人类存在的基本社会活动。——译者

遍，而且主要集中在西方国家，尤其在我国和美国。[①] 如果我们在最广义上而非狭义上使用“合作”(co-operation)一词，用之指称任何管制体系下联合起来的公民活动，那么这两者也可以被定义为强制合作体系和自愿合作体系。在士兵组成的军队中，我们可以看到前者的典型结构，在这个体系中，不同层级的各个单位必须守令，违者处死，而其食物、衣物和薪酬则被蛮横地配给；相反，由生产者和流通者组成的团体则展现出另一种典型结构，他们各自协定出特定服务所需获得的具体报酬，同样，如果他们不喜欢该团体，正常知会后也可随意离开。

在英格兰的社会演化中，这两种根本上对立的合作形式之间的区别在逐渐显现。在托利党和辉格党这两个名称被使用之前，两大分派早已有迹可循，它们与军事形态和生产形态之间的对应联系也已大体显现。众所周知，由劳动者和经商者构成的市镇人群更习惯于契约性合作，他们抵制身份性合作下的强制性管理。相反，身份性合作起源于频繁的战争，也适用于频繁的战争，其在农村地区获得支持，这种合作在军事首领及其下属之间盛行，原始观念和传统也在那里存留。此外，早在托利党和辉格党的原则有明显区别以前，此等政治倾向之间的对比就已有之，在两党形成后也继续存有。在革命年代，“乡村和小型市镇为托利党所垄断，而

① 1861年，英国法学家亨利·梅因在其《古代法》一书中基于自己的法律史研究，提出了从身份到契约的社会演化思想，中译本可以参见梅因：《古代法》，沈景一译，商务印书馆2011年版。值得注意的是，在斯宾塞这些社会思想家那里，身份体制和契约体制的区别不仅是古代社会和现代社会的区别，也是英国与欧陆国家之间的区别。——译者

大城市、手工业地区和商业口岸则是辉格党的堡垒”。除去个别例外，此种普遍联系一直存续，也无须我们加以证明。

两党的起源揭示了其本质，我们现今可以观察两党的早期言论和行径来揭示其本质。辉格主义以抵制查理二世及五大臣集团[①]起家，抵制他们所努力重建的无限制的君主权。辉格党人“将君主制视为公共制度(civil institution)，由整体国民为所有成员的利益而建立”；相反，托利党人“视君主为上帝的代理人”。这些言论蕴含了不同的信念，前者认为公民对统治者只是有条件的服从，后者相信无条件的服从。博林布鲁克子爵[②]在《论政党》(*Dissertation on Parties*)一书中，描绘了17世纪末期的辉格党和托利党，这是该书出版50年前的情况：

> 人民的权力和威严、原始契约、议会的权威和独立、自由、抵抗、革除、退位、去职；那时，这些观念与辉格党的观念相联

① 五大臣集团(the Cabal Ministry)是指1668—1674年围绕在英王查理二世身边的由五位高级顾问组成的外交事务委员会，这五位大臣名字的首字母正好组成单词cabal。该顾问委员会主要负责外交事务，借此他们也把持了内政，时人认为这个五大臣集团绕开枢密院和议会搞秘密政治。五大臣集团因内外矛盾而解散后，五大臣之一的阿什利勋爵(Anthony Ashley Cooper，1621—1683)，也即第一代沙夫茨伯里伯爵(Earl of Shaftsbury)，开始反对英王查理二世以及后来的詹姆士二世，主张改革政府，而团结在阿什利勋爵周围的人也被后世认为是辉格党的先驱。——译者

② 此处的博林布鲁克子爵(Viscount Bolingbroke)也即亨利·圣·约翰(Henry St. John，1678—1751)，第一代博林布鲁克子爵。他是英格兰政治家、政府官员和政治哲学家。亨利·圣·约翰作为当时托利党的领袖，在1715年支持过詹姆士党人的反叛，从而不得不逃亡法国，多年后才得以回到英国。他也是辉格党领袖罗伯特·沃波尔(Robert Walpole，1676—1745)的宿敌，在1726—1735年间，他资助出版《工匠》(*The Craftsman*)这份期刊来反对沃波尔政府，斯宾塞引述的《论政党》就发表在这份期刊上。——译者

系，而这些辉格党所支持的观念对任何托利党来说，都不可理解，无法兼容。

神圣的、世袭的、不可废除的权利，家系继承，绝对服从，特权，不抵抗，奴役，有时还有教权制，这些都与托利党脑中的诸多观念相联系，而这些托利党所支持的观念对任何辉格党来说，也都不可理解，无法兼容。

——《论政党》，第5页

如果我们比较这些描述，就可以发现，一党想要抵制和减少统治者对臣民的强制性权力，而另一党则要维系统治者的这种权力。在意义和重要性层面，两党在目标上的分歧超过它们之间的其他政治分歧，这种目标上的分歧也展现在它们的早期行动中。辉格党原则体现在方方面面：体现在《人身保护法》（The Habeas Corpus Act）中；体现在要求法官独立于国王中；体现在要求抵制《不反抗法案》（The Non-Resisting Test Bill）中，而该法案强制立法者和官员宣誓，以保证在任何情况下都不得组织军队反抗国王；后来更体现在《权利法案》（The Bill of Rights）中，该法案保证臣民可以抵抗君主的侵犯。这些法案拥有相同的内在本质，都削弱了贯穿社会生活各方各面的强制合作原则，增强了自愿合作原则。后续时期，该党的政策也始终如此，格林先生[①]在论及安妮女王死

① 约翰·理查德·格林（John Richard Green，1837—1883），英国历史学家。格林出身于一个高教会的托利党家庭，但他在后来背叛了家族信仰。早年格林做过国教司铎，后来因为身体不适和时间匮乏转行成为图书管理员，开始历史研究工作，代表作有《英格兰民族简史》（*A Short History of the English People*，1874）和《英格兰的形成》（*The Making of England*，1881）。——译者

后，辉格党掌权之时，有名言：

> 其统治未及 50 年，英格兰人已经忘记不同宗教之间的相互迫害、对出版自由的压制、对司法的干预、无议会而进行的统治。
>
> ——《简史》(*Short History*)，第 705 页

历经过上世纪末本世纪初的战争后[1]，人们先前拓展出的个体自由消失殆尽，所有各式各样的强制措施体现了社会朝向军事社会形态的反动，从强制公民的人身和财产服务于战争，到压制公众集会和钳制出版，皆是如此。现今和平重建使得生产体制复兴并且重回常轨，就让我们来回忆一下辉格党和自由党所推动的那些变化的普遍特征。随着辉格党的影响日益增强，禁止工匠联合的法令被撤回，干预他们自由迁徙的法令亦如是。在辉格党的努力下，非国教徒得以依其喜好选择信仰而不必受到世俗的惩罚。天主教徒可以坦陈自己的宗教信仰而不必部分地失去自由，这本来是辉格党的举措，但托利党也被迫加以推行。禁止购买和奴役黑人的法令也扩大了自由的领地。东印度公司的垄断权被废除，东方贸易开放给全民。《改革法案》(The Reform Bill)和《市政改革法案》(The Municipal Reform Bill)一同减少了无代表的地区，缓解了政治农奴的境遇，因此在中央和在地方上，少数人强制多数

① 也即 1799—1812 年的拿破仑战争，英国作为反法联盟的一员加入欧陆大战。在这段时期，英国为了进行军事动员，出台了《谷物法》以及反对结社等一系列管制措施。——译者

人的情况有所减少。非国教徒不再需要服从于国教的婚姻形式，而可以自由地举办纯世俗的婚礼仪式。随后，限制购买国外商品和雇佣国外船只与水手的禁令也得到减少和移除。阻碍意见传播的旧有出版约束不久后也被废除。所有这些变化，无论是否由自由党所造就，无疑都与之承诺的或者推动的原则相一致。

然而为何我要列举这些众所周知之事？只因为正如开头所言，我们需要提醒大家自由主义在过去意味着什么，以此人们会感到其与现在所谓的自由主义有所不同。如果不是现在人们遗忘了上述的共同特征，那么我们列举各种举措以求点明这些共同特征也将变得不可理解。人们不再记得，在各个方面，所有真正朝向自由的变化削减了贯穿社会生活方方面面的强制合作，增强了自愿合作。他们已经忘却，在各个层次，朝向自由的变化缩减了政府权威的范围，增大了公民不受干预的行动领域。他们漠视如下真理：过去的自由主义惯常代表个体的自由，以对抗国家的强制。

问题随之而来：自由党人为何遗忘这点？自由主义者逐渐登上权力舞台后，为何在立法上变得更为强制？通过直接成为多数党，或者通过间接地帮助占据多数的敌对党，自由党采纳了更多强令公民行动的政策，以至于压缩掉公民自由行动的领域，为何如此？他们看似追求公众利益，实则颠覆了早先获取公众利益的途径，对导致此种现象的广泛的思维错乱，我们又有何解释？

乍看之下，这种未经察觉的政策变化难以解释，我们会觉得其自然而然。未经分析的思想通常会渗入政治事务之中，就此而言，也就现有的条件而言，我们也无法指望能得到更多。然而为了澄清这些问题，我们需要引用一些别的解释。

从最低级的生物到最高级的生物，其智能的进步就是分辨力(discrimination)的增强；从最无知的人到最有文化的人，其发展趋势也如此。正确地对事物进行分类是指导行动的基本条件，正确地对事物进行分类要求我们能将本质相同的事物归为一类，而将本质不同的事物归为另一类。起始的基本观察力(vision)能警醒我们某些正在迫近的大型不透明物体，正如我们朝向窗户，闭上眼睛，当有只手置于面前时，我们所感知到的阴影会告诉我们前面有东西在移动。自此发展而来的高级观察力，通过精确鉴别形状、颜色和运动，能判定远方的物体是被捕食者还是捕食者，以此提高生物获取食物和逃避死亡的适应能力。不断发展的分辨力以及分类的准确性，其提高构成了智能发展的主要面向。这种智能发展同样见诸从相对简单的身体性观察力到相对复杂的智识性观察力，由此，先前我们的观察力仅仅按外在相似性或者外部环境的类似性对事物进行分类，现今变得可以根据其内在结构和本质对事物做出更为真实的区分。未发展的智识性观察力和未发展的身体性观察力类似，在分类之时总无力分辨而且错漏百出。诸如早期植物被分为乔木、灌木和草本，大小——这种最显著的特征成为划分的依据，此种分类法将本质上极为不同的植物归为一类，而之间有亲缘性的植物则被归为不同的类。更有甚者，通俗分类法喜好将鱼(fish)和甲壳类(shell-fish)都归到鱼类这个通名之下，再将甲壳动物(crustacean)和软体动物(mollusc)都归到甲壳类这个鱼类下属的亚名之中，甚至还将鲸这种哺乳类动物也归为鱼类。部分源于它们都是栖息在水中的生物，部分因为它们在特征上有些

普遍的相似性，这些生物就被归入同一纲或亚纲中，然而它们之间的本质差异远甚于鱼和鸟之间的差异。

上述的普遍真理现可适用于更为广阔的与智识性观察力相关的领域，也即适用于感官未能觉知的事物，还有其他与政治制度和政治举措相关的事务。当我们思忖这些领域时，智识机能的不当结果或者智识机能的认识不足，抑或两者兼有，都会导致我们得出错误的分类与相应的错误结论。此处犯错的可能性确实更大，因为此时智识所考量的事物无法像之前一样，以简单的方式加以考察。你不可能触摸或者看见政治制度，只能努力通过建构性的想象来知晓。你也同样不可能通过身体性感知来理解一项政治举措，政治举措要求心智进行表征，在思维中将各种元素结合起来，从而理解其本质。因此，此处的问题比前述的例子更为糟糕。智识性观察力依据外在特征和外在环境进行分类，有其缺陷。由此，制度如何被错误归类，在以下情况中可见一斑：在通俗观念中，罗马共和国是民主政体。我们可以考察下法国革命家的早期思想，他们追求自由的理想国家，而罗马的政治形式和政治行动成为他们的摹本。甚至如今，人们还会引述一位历史学家的说法，用罗马共和国的衰败向我们说明民主政体的未来。但是罗马体制与所谓真正自由体制之间的相似性，还比不上鲨鱼和海豚之间的相似性——外在形式上的普遍相似其实伴随着内在结构上的巨大差异。因为罗马政府不过是嵌套在大范围寡头制中的小型寡头统治：每个寡头都是不受限制的独裁者。在此社会中，相对少数的人拥有政治权力，他们享有一定程度的自由，这里面大部分人都是小范围领地上的暴君，不仅拥有奴隶和随从，甚至还像奴役自己的牛

群那样绝对地奴役自己的孩子。从内在本质上来说，这种社会更像典型的专制社会，而非由政治平等的市民所组成的社会。

现在回到我们的具体问题上来，这时我们才可以理解自由主义背离自身所导致的那种悖谬；如上所见，通过显眼的外在特征而非内在本质来对政治举措进行分类有其错误，这种错误分类误导了自由主义。在大众的理解以及那些影响大众的人的理解中，自由党人在过去所推行的变革是什么？消除全体人民或者一部分人所遭受的痛苦——在人们心智中，对自由党人的最深刻印象就是这些普遍行径。他们减轻了大部分市民所直接或间接遭受到的恶果，那造成苦痛或阻碍幸福的恶果。在大多数人心中，矫正恶果等于获取幸福，因此这些措施被认为具备诸多正面效应，大众福利也被自由党政治家与自由党支持者视为自由主义的宗旨。自此，矛盾开始出现。在早期，获得普遍的善是自由党的政治举措中明显而且普遍的外在特征（每次都通过松弛管制来达成）；而现在，自由党开始寻求普遍的善，但不再通过松弛管制来间接地达到此目的，而是想一步到位。为了直接寻获普遍的善，他们开始采用与原来完全相反的办法。

而今，眼见这些政策被逆转[或部分地被逆转，因为最近的《丧葬法案》（The Burials Act）和那些试图消除残留的宗教不平等的努力，在某种程度上展现了原有政策的延续性]，我们就需要进一步思考近期这种逆转会到达哪种程度，以及如果当前这种思想和情感继续占据主流，政策的逆转在未来会加深到哪种程度。

在开始之前还需要说明，针对那些推动一个又一个限制和命令出台的动机,我们无意进行反思。动机无疑都很良善。诚然,1870 年出台的法案在本意上与爱德华六世时出台的法案同等良善,前者限制印染土耳其茜红布的行当雇佣妇女和儿童,后者则规定熟练工可以保留的最低休闲时间。无疑,1880 年出台的《爱尔兰种子供应法》[The Seed Supply(Ireland)Act of 1880]与 1533 年法案还有 1597 年法案一般,都出于对公共福利的渴望,1880 年法案授权监管方为贫困佃农购买种子并监督其种植,1533 年法案则规定佃农可拥有的羊群数量,而 1597 年法案强令破旧农房需要被重修。确实,近年来限制出售酒精饮料的诸多措施与旧时候禁止奢侈败坏的举措并无二致,皆是为了公共风气,举例来说,14 世纪就曾对人们的饮食和着装有所规定。众所周知,亨利七世就曾颁布禁令,禁止下层民众玩骰子、扑克和保龄球等游戏,这和最近禁止的法令一样,皆欲求普遍福利。

再者,针对现今保守党和自由党竞相推出的种种干预措施,我在此处也无意质疑其是否明智,更无意质疑在方方面面都与之相似的旧时措施是否明智。我们也不将在此考虑,最近采用的保护水手生命的计划,相较于以前广为推行的苏格兰禁令来说是否更为明智,毕竟 15 世纪中期的苏格兰就曾禁止船长在冬天开船离港。现在,我们也无须争论赋权卫生官员搜寻各商铺中的不健康食品,这相较爱德华三世时期的法令来说是否更为正当,那时海港的旅店老板有权搜查客人以防钱币和金属离境。我们将假定《运河船只法案》(The Canal-Boat Act)的条款和《斯皮塔佛德法案》(The Spitalfields Acts)的条款同等有效,前者禁止船主免费搭载船夫的子女出航,而后者为了工匠的利益,直到 1824 年还禁止制造业主在伦敦交易所方圆十英里外设厂。[①]

我们不去质疑其动机之美好与否或者判断之明智与否，并假定这些都不成问题，我们在此仅仅考虑这些措施所具有的本质上的强制性，这些措施无论具体的好坏，都在自由党的主政时期得到推行。

就此举例，让我们以1860年作为开端，时值帕默斯顿勋爵[②]的第二任期。那年，《工厂法案》(The Factories Act)的限制扩展到漂白和染色行业；分析员也被授权享有餐饮服务，地方财税为此买单；监察煤气行业、规定质量和限制价格的法案出台；也有法案颁布来进一步监察矿业，并对雇佣未满12周岁、无学可上、不能读

① 1773年的《斯皮塔佛德法案》授权地方治安官可以居中协调丝织业师傅(master)和学徒织工，帮助他们确立工资标准，而其两条附属条款，一是规定居住在固定区域的师傅不得雇佣本区域外的居民，二则是规定织工在同一时段不得从事两份学徒工作。如果丝织业制造业主在外设厂，那么一会导致产业和资本外流，二则可以雇佣工资更低的外地织工，从而损害本地从业者的利益，因此，该法案禁止外出设厂的行为，但这种行为依然屡禁不止。有兴趣的读者可以参看J. H. Clapham, "The Spitalfields Acts, 1773-1824", *The Economic Journal*, Vol. 26, No. 104, 1916, pp. 459-471。——译者

② 帕默斯顿勋爵(Lord Palmerston)全名为亨利·约翰·坦普尔(Henry John Temple, 1784—1865)，是为第三代帕默斯顿子爵。帕默斯顿勋爵曾三任英国外交大臣，而后两度出任英国首相，第一任任期为1855—1858年，第二任任期为1859—1865年，可以说帕默斯顿主导了英帝国盛期的外交事务。早年，帕默斯顿勋爵以托利党人在议会出道，而后因为支持解放天主教徒和主张改革议会以扩大选举权，帕默斯顿勋爵在1830年叛变为辉格党支持者。1846年《谷物法》废除后，保守党逐渐分裂，以格莱斯顿为首的保守党中的皮尔主义者(Peelites)开始与帕默斯顿勋爵、罗素勋爵主导的自由党结盟，再加上激进派的支持，新的自由党联盟于1859年成型，帕默斯顿勋爵也得以在此基础上第二次出任首相。在内政上，帕默斯顿内阁监管通过了一系列重要立法，而在外交上，帕默斯顿以法国为盟友以干涉欧陆事务，1860年，英法更是达成自由贸易协定。——译者

写的儿童的行径做出惩罚。1861年,《工厂法案》的强制条款延伸到蕾丝行业;济贫法监管方等单位有权强制注射疫苗;地方理事会有权对马、矮种马、骡、驴和船的租金进行定价;一些地方团体也有权就农业排水与灌溉以及牲畜供水对当地人收缴税费。1862年,法令禁止雇佣妇女与儿童在户外从事漂白作业;煤矿通风井仅有一处或者通风井之间的间距过小也都被定为非法;医学教育委员会享有出版药典的垄断权,而药典定价权则在财政部手里。1863年,强制疫苗注射扩展到苏格兰,以及爱尔兰;特定理事会可以从地方税收中借款,用以雇佣失业者并支付其薪水;地方当局可以占有废弃的无用地盘,并为此向居民抽税以获取支持;《面包房管理法》(The Bakehouses Regulation Act)除了对特定时段从事工作的雇员的最小年龄有所规定外,还规定面包房需要定时用石灰清洗,刷三层涂料,并且在六个月内至少用热水和肥皂清洗一次;同样,有法律授权管理当局可以裁夺检察员呈递的食物是否健康。1864年,《工厂法案》推广到各种不同行业中,规定各行业的清洁和通风标准,规定火柴行业的特定雇员不得在伐木场外就餐。《烟囱清洁工法》(The Chimney Sweepers Acts)出台;对在爱尔兰售卖啤酒进行进一步限制的法案颁布;强制检验锚链和船锚的法案推行;还有《1836年公共工程法》(The Public Works Act of 1863)的扩充法案,以及《传染病法》(The Contagious Diseases Act)出现,《传染病法》授权警察可在特定地点对特定妇女群体进行检查,这废除了之前保障个体自由的诸措施。1865年,我们见证到更多条款出台,这些条款使用纳税人的钱来接收和暂时救济流浪汉;又一部关闭酒吧的法令颁布;通过强制措施消除伦敦火灾的法案也得到推行。到了约翰·罗素勋爵[①]组阁时期，1866年，管理牛舍等设施的法令在苏格兰地区施行，这使得地方当局有权检查牛群的卫生条件和限定牛群数目；强制啤酒花种植者在袋上标明年份、产地和实重，并授权警察检查的规定推行；促进爱尔兰地区公寓建设，并对居住者进行管制的法令运作；《公共卫生法》(The Public Health Act)则对酒店进行备案，还对住客有所限制，更对用石灰清洗等举措有所监察与指导；《公共图书馆法》(The Public Libraries Act)给予地方权力，使得多数人为获得图书可向少数人征税。

现在我们转而讨论格莱斯顿先生[②]首次任期内的管制。1869

① 约翰·罗素勋爵(Lord John Russell，1792—1878)，即为第一代罗素伯爵，著名哲学家伯特兰·罗素(Bertrand Russell)的祖父。罗素勋爵曾两度出任英国首相，第一任任期为1846—1852年，第二任任期为1865—1866年。在政治生涯的早期，罗素勋爵作为领袖推动了天主教解放运动与议会改革，也主张废除《谷物法》。尽管罗素勋爵与帕默斯顿勋爵相互拆过台，但是他们长久以来都是政治上的盟友。1865年帕默斯顿勋爵突然去世后，罗素勋爵二度出任英国首相，但是这段政治生涯并不顺利，罗素勋爵无法实现自己扩大选举权的政治宏图，其政府也因为内部不合而迅速垮台。——译者

② 威廉·格莱斯顿(William Gladstone，1809—1898)，英国自由党政治家，曾四度出任英国首相。格莱斯顿原先是罗伯特·皮尔(Robert Peel，1788—1850)所领导的托利党的拥趸，但在1846年托利党因为《谷物法》废除问题而分裂后，格莱斯顿领导支持自由贸易的皮尔主义者开始与以帕默斯顿勋爵和罗素勋爵为首的政治团体进行合作，融合成为英国后来的自由党。格莱斯顿式的自由主义(Gladstone liberalism)强调机会平等，并且反对贸易保护主义。格莱斯顿当时在工人阶级中广受欢迎，因此他也赢得“人民的威廉”的赞誉。1868—1874年是格莱斯顿的第一次首相任期，在此期间，格莱斯顿的政策取向主要是提高个体自由和减少政治与经济上的限制。一方面，格莱斯顿缩减国内公共开支，又在国外保持和平以减少税收和促进贸易，而在法律层面，格莱斯顿也对限制人们行动自由的法律进行改革；另一方面，格莱斯顿也改革军事队伍、文官系统和地方政府，以减少其对个体发展的阻碍。在1874年，格莱斯顿突然解散议会并呼吁提前选举，但是没想到自由党败选导致保守党上台。——译者

年，国家电报系统建立，从而其他机构被禁止拍发电报；国务大臣得到授权来管理伦敦市内的运输租赁行业；更为严格的措施推行，以阻止牛疫传播；另一部《啤酒馆管理法》(The Beer-House Regulation Act)颁布；《海鸟保护法》(The Sea-Birds Preservation Act)出台，导致鱼类受灾更大。1870 年，法律授权公共工程理事会服务于提高业主的利益，促使租户承租；法律也授权教育部可以建立学校董事会，董事会可以为建校购买土地，用税收支持免费的学校，支付学童的学费，还授权其强制家长送子女入学，等等；我们又有进一步的《工厂与工场法案》(The Factories and Workshops Act)，这条法令在其他规定之外，又对水果储存和水产腌制行业中雇佣妇女儿童的行为做出限制。1871 年，修订后的《商业船只法案》(The Merchant Shipping Act)指示贸易委员会登记离港海船的吃水深度；新的《工厂与工场法案》又有进一步规定；《商贩法案》(The Pedlar's Act)对无证的流动叫卖行为施加惩处，还明确许可证的有效经营区域，并且给予警察搜查商贩包裹的权力；更多措施出台以强制疫苗的注射。1872 年，诸多法令中有一法令规定如下，当父母托付给保姆照料的孩子超过一个之时，就是非法，除非父母将孩子送往在当局登记过的托儿所，而且当局对接收婴儿的数量也有所规定；《特许经营法》(The Licensing Act)禁止向明显小于 16 岁的青年售卖酒精饮料；又一项《商业船只法案》(The Merchant Shipping Act)授权每年对客轮进行检查。1873 年，《农业儿童法案》(The Agricultural Children's Act)则惩罚那些农民，因为他们雇佣未受过基础教育而且未曾入学的儿童；《商业船只法案》要求每条船备有吃水标尺，还授权贸易委员会规定救生艇和救生设备的数目。

现在,来看下现任政府的自由式立法。[①] 1880 年,法律禁止在偿付水手工资时,有条件地预支现钞;法规对粮食货物的安全运输做出具体规定;同时,也有规定出来以提高地方的强制力,以强制父母把子女送去学校。1881 年,规定禁止在蛤蜊养殖场和鱼饵养殖场用网进行捕捞;禁令也禁止人们星期天在威尔士购买啤酒。1882 年,授权贸易委员会就生产与销售电力颁发执照,授权地方市政当局对电力照明征税;进一步授权从纳税人处攫取钱财,以建立更多的浴场和洗衣房;地方当局也获权制定条例,以保证水果和蔬菜的采摘人员得以安居。1883 年,也有相似法律。《廉价火车法案》(The Cheap Trains Act)更进一步减免了工匠迁徙的费用,这减免部分来自国民每年缴纳的 40 万英镑的旅客税,部分则源于铁路所有者的支出,贸易委员会也被授权通过铁路委员会,在铁路上提供良好而且规律的食宿环境。再者,法令也禁止在酒馆里支付工匠的工资,违者处以 10 英镑罚款。更有另一《工厂与工场法

① 也即由本杰明·迪斯雷利(Benjamin Disraeli,1804—1881)领导的保守党政府。迪斯雷利曾两度出任英国首相,他塑造了英国现代意义上的保守党,并奉行托利式的民主制,使得保守党成为英帝国的权力和荣耀的象征。迪斯雷利是格莱斯顿的政治宿敌,早年因为《谷物法》废除问题,迪斯雷利就与皮尔的支持者分道扬镳,而开始组织建立新的保守党。1874—1880 年迪斯雷利第二次出任英帝国首相,在此期间,内政上,迪斯雷利推动一系列法令以改善工人阶级住房和工作状况、建立现代卫生体系、管理食品和医药、提升国民教育等,无怪乎参与自由-劳工运动(the Liberal-Labour Movement)的下议院议员亚历山大·麦克唐纳(Alexander MacDonald)会对他的选民说,“保守党过去 5 年为工人阶级所做的工作比自由党过去 50 年所做的都多”,所以斯宾塞在此也把迪斯雷利的政策解读为“自由式立法”。而在外交上,迪斯雷利也与格莱斯顿的不作为不同,他领导的政府广泛地介入欧陆和近东事务。——译者

案》对白铅行业和面包房进行监察，对两者的工作时间都做出规定，要求前者提供工作服、口罩、浴场和酸性饮料等物品，也在细节上对后者的建筑有所要求，以使之保持在让监督者满意的状态。

但是如果我们只考察近些年实际出台的强制性立法，那还远远不能形成正确的理解。我们也必须考察那些被提议的立法，那些影响更广泛、特征更严厉的危险立法。最近一位所谓最为自由主义的内阁大臣，对政府晚近的工业住宅改善计划嗤之以鼻，称之为“小修小补”(tinkering)，竟然主张针对小业主、地主和纳税人施行更有效的强制措施。另一位内阁大臣在向他的选民演讲之时，表达出对慈善社团和宗教团体帮助穷人的行为的不满，认为：“这个国家的所有国民都必须把帮助穷人视为自身的事业。”这也意味着，他在呼吁推行更为全面的政府措施。我们议会中有一位激进的议员，他领导着一个大型的有权力的组织，为了实现每年增长的承诺，为了强制民众保持精神和身体的清醒，他授权地方大众可以对特定商品的自由交换进行限定。《工厂法案》的成果扩展到越来越多的领域，现今对某些阶级的工作时间有所规定也愈为常见：一项动议正在将所有商铺的雇员纳入此等轨道中。也有更多呼声要求免费教育惠及全民。缴纳学费开始被视为错误的行径，因为国家必须承担所有重任。再者，众人将国家视为毫无疑问的全权评判者，既然它可以裁判穷人应接受何种良好的教育，那么国家也应该对中产阶级接受何种良好教育做出规定，人们应该按照国家的标准塑造中产阶级的孩子，像中国人一样，人们在采纳国家教育时并不质疑其好坏。最近有人积极呼吁“资助研究”。其实，政府已

经每年拨款4000英镑用于此途，并由皇家学会(The Royal Society)[①]加以分配，并且也没有人有强烈的动机去抵制这等利益，虽然我们很容易说服利益提供者不再提供这些利益，不久后，大卫·布鲁斯特爵士[②]早已提倡的领薪"科学司祭"(priesthood of science)的职位也将建立。再说，组织强制的保险体系，这种提议也十分合理，此体系下，人们在年轻之时就被强制为其年老岁月买单。

这些强制措施或即将到来或还在远方，枚举它们也并未终结我们的论述。中央税和地方税不断增长，而对这种强制措施所伴随而来的现象，我们却甚少提及。地方税率年年攀高，部分用以负担这些日渐庞杂的强制举措，毕竟每项措施都需要额外的官员；部分则用来支付新的公共机构，如寄宿学校、免费图书馆、公共博物馆、浴场、洗衣房和娱乐场所等等。而中央税因为教育和科学艺术等开支也在走高。凡此都导致进一步的强制，从而更多地限制公

① 皇家学会正式名称为伦敦皇家自然知识促进学会(The Royal Society of London for Improving Natural Knowledge)。1660年，该学会得到英王查理二世的特许状而成立。学会早期更像一个从事业余研究的绅士俱乐部，在19世纪，该学会历经一系列改革，其中在1850年英国政府开始给予其每年1000英镑的资金支持，而后在1876年提高到每年4000英镑；学会只是这笔资金的受托人，需要将这笔资金分配给各个科学研究者。——译者

② 大卫·布鲁斯特(David Brewster，1781—1868)是一位英国科学家、发明家和学会管理者。他通过研究晶体在受压时的双折射现象而发现了光弹性(photoelasticity)，从而开创了光学矿物学(optical mineralogy)；而在大众眼中，他则是万花筒的发明者。在对查尔斯·巴比奇(Charles Babbage)《英格兰科学的衰败》(*Decline of Science of England*)一书做评论之时，布鲁斯特主张建立一个"联合起贵族、神职人员、绅士和哲学家的协会"。这种观点得到衰败论者的支持，1831年，布鲁斯特和巴比奇等人在约克郡一同起草章程建立英国科学促进协会(British Science Association)，以促进英格兰的科学事业。——译者

民的自由。每项额外的苛捐杂税都暗示如下:“迄今为止,你能按自身喜好以任意方式自由地支配你的部分收入,但自此以后,你将不再有此种支配的自由,而我们将会为了公益来支配它。”因此,在强制性立法不断增长的境况下,公民某些先前所拥有的自由也被剥夺,这种剥夺或直接实现或间接达成,但在大部分情况下,两者兼有。

这些行径都源于自称为自由党的那派人,他们自称追求广泛的自由,而自命为自由党。

我并不怀疑该党的许多成员会带着不耐烦的心情阅读上文,并且伺机发现文中某处巨大疏漏,以此来摧毁整个论证的有效性。他会说:“你忽视了这两种权力的根本区别:过去的权力设定了诸多限制,而那些限制后来被自由党废除;现在的权力也制定了限制,而这些限制则被你视为反自由。你忽视了其中一种是不负责的权力,另一种则是负责任的权力。你漠视了如果说民众因为自由党目前的立法而受限颇多,那么这个管制民众的组织其实是由他们自身所创立的,它的行动也由他们授权。”

我的回答会是,我并未忽视这种区别,但是我认为这种区别与此处问题大体上无关。

首先,我们真正的问题在于相较之前,市民的生活是否受限更多,而非讨论进行干预的团体的本质。举一个简单的例子,一个工会成员同意与其他人一起行动,建立一个实行纯粹代表制的组织。此时,如果多数人决定罢工,他也不得不顺从;除非达到多数人所同意的条件,否则他不得接受工作;如果没有他们的禁令,他本可以竭尽所能，发挥自身的超人才能和勤勉来获得收益。如若不背弃他所在组织的利益，他将不得违抗命令，而违抗命令也将使得同伴对他进行迫害，甚至施加暴力。创立这个团体之时，他和别人拥有同等的发言权，现在该团体对他进行强制，因此我们就可以认为他受到了更少的强迫吗？

其次，如果有人反对说这个类比有误，因为管理国民的机构作为国民生命和利益的保护者，必须得到所有国民的服从，以免社会变得无组织化。因而，相对于私人组织对其成员而言，管理国民的组织对其公民享有更高的权威。对此，我回应如下：假定有此等差异，论证依然有效。如果人们行使自由的方式就是把自身的自由托付出去，那么此后他们难道不就是缺少自由的奴隶？如果通过公民选举，人们选出了一个对他们实行独裁的人，因为他们自行造就了此等专制，我们就可以说他们依然保有自由？就因为他们自己投票得出了法令，就可以证明这些独裁者颁布的强制性法令是为正当？东非人选择主人的方式是在其面前折断长矛，就因为他这种自由择主的方式，我们就可以称他仍有自由？

最后，如果有人反对上述论证，我想他不会不言辞恼怒，并认为在这两种情况下，政府和民众的关系存在根本的不同：在不负责的关系中，独裁者被选上位后，终身在职；在负责任的关系中，代表机构持续存在，定时重选。而我的最终回应也完全不同寻常，将极大地震惊大多数人。该回应如下：虽然出台这些法令的组织经由民选产生，但是我们也无法为这些法令造就的繁多限制进行辩护；因为民选组织并不比君主制度更能享有无限的权威；过去真正的自由党质疑君主的无限权威，所以现今，真正的自由党也将质疑议会的无限权威。关于这点过后我会详述，此处只是把最终的答复道明。

此时我们还需要指明，目前就像以前一样，真正的自由主义在行动中都趋向于采取议会权威有限的理论。废除在宗教信仰和仪式方面的限制，废除有关流通和运输的限制，废除商业联合和工匠迁徙的限制，废除在宗教和政治意见表达方面的限制，凡此种种，无不是在不言自明地宣称对有限权威的渴望。同样，早先那些废止禁止消费的法律，那些废止禁止各种娱乐的法律，那些废止规定耕作方式的法律，那些废止其他类似的干涉性条款的法律，都在暗示国家不应该干涉这些事务。所以，当今这代自由主义者在消除对个体活动这样或那样的妨碍，实际上他们同样地也在朝此方向努力，即努力缩小政府的职能范围。认识到对政府职能范围做出限制是为适当，为我们在理论上做出限制奠定了基础。一条众所周知的政治真理就是，在社会演化过程中，习俗先于法律；当习俗正式确立之后，也就成了有权威保证和固定形式的法律。显而易见，自由主义在过去从事限制权威的实践，而这也为其在原则上限制权威奠定了基础。

然而从泛泛而论回到具体问题上来，我需要强调：公民所享有自由的多少，不由其所处的管理机器的形式来衡量，也即不由他身处的政府是否是代议制政府来衡量，反而，由施加于他身上的限制是否相对较少来衡量。无论他是否参与创立了这台管理机器，只要该政府在必要情况之外更多地限制了公民自由，那么对自由主义来说，该行动就失去了正当性。而政府有所行动的必要情况不过是为了阻止公民直接地或间接地侵犯他人，也即维护公民的自由，以防其受到他人的侵害。因此，政府的限制明显应是消极的约束而非积极的强制。

但是，自由党将继续反对上面的观点，其中的激进派①更将提出抗议，相较于其他派别，激进派近些年来给人的印象就是：只要他认为目的良好，就有正当理由尽其所能去对人们实行强制。他认为自己的目的就是用某些形式实现公益，也相信托利党与之相反，托利党由阶级利益驱动并且欲求保有阶级权力，因此，激进派认为将自己与托利党归为一类十分荒谬，并且对于那些将其归为托利党的论证也不屑一顾。

或许，有一种类比将帮助他看到该论证的有效性。如果在遥远的东方，政府由个人统治是唯一可知的政府形式，而有一次当地人罢黜了一个残酷恶毒的独裁者，并取而代之以一位心向民众福祉的人。听闻当地人欢欣鼓舞，过后他告知当地人说他们没有在本质上改变其政府的形式，那么他将使得当地人感到极度震惊，他也可能很难使他们理解，即使仁君取代独夫，政府依然是专制的。我们也应该如此来正确地认识托利主义。就国家强行限制个体自由而言，托利主义就是托利主义，无论这种强制出于私心还是无

① 在19世纪早期，激进派作为议会改革的支持者与托利党针锋相对。在1832年议会改革实现后，激进派在议会中还是无法成为辉格党和托利党之外的第三派，这既是因为议会中有分歧的议题过多，也是因为辉格党从议会改革中受益更大，更是因为激进派自身更多是一个意见团体而非组织团体。所以在1859年后，激进派开始与辉格党以及皮尔主义者合作，重新组成自由党，从而激进派也成为自由党中的一个派别。——译者

私。无论独裁者的动机好坏,独裁者就是独裁者。无论出于自私心还是利他心,只要他们超出保护公民自由所需的界限,使用国家权力来限制公民自由,托利党就还是托利党。利他的托利党和利己的托利党同属托利党这个属,尽管利他的托利党在托利党这个属下面形成了一个新的种。两者与名副其实的自由党形成鲜明对比,而自由党人的正确定义则是:"在限制中,尤其是政治体制的限制中追求更大自由的人。"

因此,开头所提的名实不符已经得到证明。正如我们所见,托利主义和自由主义分别起源于军事形态和生产形态。前者代表身份体制,而后者代表契约体制;前者代表强制合作体系,伴随有阶级在法律上的不平等,而后者代表自愿合作体系,伴随有法律上的平等:无疑,一派的行动是为了保存强制合作体系,而另一派则是为了削弱或者遏制此等体系。就此显而易见,现在所谓的自由主义只要还在扩展强制合作体系,就不过是一种新形态的托利主义。

如此已确凿无疑,当然我们也将从另一方面更为清晰地观察此种事实,这也是我们将推进的工作。

注:在本文一发表就注意到它的那些报纸看来,这篇文章是想说明自由党和托利党已经易位。然而这绝非本文的结论。新种托利党的兴起并不意味着原种托利党的消亡。当我在第 70 页[1]言及现今"保守党和自由党竞相推出的种种干预措施",我已经在清晰地说明,当自由党采取强制的立法举措之时,保守党也并没有放

① 70 为原书页码,参见本书第 12 页。——译者

弃这种做法。诚然，自由党出台的法案造成对市民的强制和限制的急剧增长，在其咄咄逼人中，保守党深受其害，也日益增生反抗的倾向。自由与财产保护同盟[①]是为例证，该联盟成员大都是保守党，以“个体主义对抗社会主义”为座右铭。所以，如果当前的变化趋势持续下去，不久后托利党可能真会成为自由的守护者，相反，自由党因为追求他们所想要的公共福利，把自由践踏在脚下。

① 自由与财产保护同盟(Liberty and Property Defence League)是1882年由托利党人埃尔科勋爵(Francis Richard Charteris，1818—1914)建立的政治组织。该政治游说组织的成员主要是实业家与土地所有者，他们支持放任自由的贸易，而惧怕乔治主义(Georgism，也即地租充公并实行单一税)、工团主义、社会主义以及格莱斯顿的一些政策，因其立场也吸引到许多自由主义者和哲学上的个体主义者。该团体也以斯宾塞后期的个体主义主张为座右铭。在斯宾塞思想退潮后，自由与财产保护同盟也在20世纪20年代逐渐衰落。——译者

奴役迫近

同情与爱情有诸多亲缘性，在理想化其对象上也如此。同情被压迫者能暂时让我们忘记他的过错。同情让我们脱口而出“可怜人”，也让我们忘记在别的时候看到他时，我们想到的不过是“坏人”。自然来说，如果我们不认识或者不熟悉受罪者，那么他们的缺点都会被我们忽略；正是这样，当我们描绘出可怜人的不幸之时，我们会把这些不幸当成值得救助之人所受的苦难，而非认为这些不幸是不值得救助之人的应有所得，虽然后者大体更符合实情。书册中、集会上或者演讲里所描绘的苦难在全社会引发共鸣，这些苦难被视为对高贵灵魂的错误折磨，然而，没有任何不幸会被当成由错行所招致的必要惩罚。

在伦敦街头打车之时，你会惊奇地发现马车门经常由那些想要小费的人殷勤地打开。当你遇见过酒馆门口的诸多流浪汉后，或者当你观察到被街头表演和游行吸引而来的成批无所事事者——这些来自邻近贫民窟和马厩的无事之人——后，你就不会再对此感到惊奇了。看到他们挤满了每个小区域，你就明显可知这些盲流数以万计，遍布伦敦。“他们没有工作，”你会说。其实他们或是拒绝工作，或是很快辞工。他们一无所长，但以这样或者那样的方式，在有一技之长的人那里寄生，他们是流浪汉、酗酒者、犯罪者、潜在犯、啃老者、啃妻族、依靠妓女而活的人，还有少量不显眼的妇女。

自然来说，这些人应该获得幸福吗？或者说，他们以及其他相关人士遭受不幸更为自然？存在于我们之中的大量苦难是不当行为的正常后果，而做出恶行不可不承担其后果，这些不都显而易见吗？有种观点总是或多或少地广泛流行并且现今人们也在大声宣传，这种观点即是所有的社会苦难都可以得到解决，而解决这些苦难也是某些人的职责所在。这些信念都是谬误！将痛苦与恶行分开，违背了事物的本性，也必将造就更多的痛苦。将人们从不幸的生活这种自然的惩罚中解救出来，最终必然使得他们将遭受人为的惩罚——被关押，被迫从事苦工，被鞭打。

我希望人们能把如下戒律视作自身所能发现的最高权威，在这条戒律中，当前的信条也和科学的信条合二为一。“若有人不肯做工，就不可吃饭”，这就是基督教对此条自然普遍法则的简单描述，在此自然法则下，生命达到了现有的高度。此条法则就是——万物如若没有足够的能力维生则必须死亡。仅有的不同不过是，在一些情况下该自然法则由人工来强制实现，而在另一些情况中则是必然性的自然运作。此特定的宗教信条也为科学所明确确证，然而现今的基督徒们却最不愿接受它。他们认为不应该发生苦难，社会也应为苦难的发生担负责任。

“即使正是那些不值得救助之人遭受了苦难，难道我们也真的无法免除责任吗？”

如果这里所说的“我们”一词的词意也涵盖我们的先辈尤其是我们先前的立法者，那么我同意上述说法。我认为，那些制定、修改和执行旧济贫法的人,需要为这些数量惊人的道德败坏负责,而消除此等道德败坏则需要几代人的努力。我也承认,近来和现在的立法者需要为他们的管制承担部分的责任,因为这些管制造成了那些长期在各济贫区之间流窜的流浪群体;他们也应该对居高不下的犯罪率负责,因为他们使得罪犯重返社会后,几乎不得不陷入再次犯罪的境地。再者,我认为慈善团体也不应该不分担上述的责任,因为他们帮助那些不值得救助之人的后代,反而使得那些值得救助之人的后代陷入不利的处境之中,因为他们加重了其父母的税负。我甚至也承认,这些一无是处的盲流赢得公共和私人机构的帮扶,数量激增,其实他们在各种错误干预的作用下,将承受比没有干预之时更多的苦难。这就是对他们负责?我想并非如此。

然而,我们现在先不讨论责任问题,而只关注恶行本身。我们应该如何处理恶行呢?让我们先从以下事实出发。

我的已故叔父,托马斯·斯宾塞[①],在长达20年的时间里,以牧师身份任职于巴斯地区附近的辛顿查特豪斯(Hinton Charter-

① 托马斯·斯宾塞(Thomas Spencer)是为斯宾塞父亲乔治·斯宾塞的弟弟。托马斯原本是新教徒,为了进入牛津大学而改信国教,从牛津大学毕业后成为巴斯地区附近的辛顿查特豪斯教区的牧师,任职同时也接收住宿学生,教导和帮助他们上大学。斯宾塞少年时期被父母送到叔叔处接受教育,在此,斯宾塞排斥以古典语言为基础的文人教育,而是喜欢数学和力学等自然科学。托马斯对斯宾塞的教育带有很强的禁欲气质,有次斯宾塞一家受邀参加乡村舞会时,托马斯公然宣称姓斯宾塞者从来不跳舞,从而阻止侄子跳舞。斯宾塞长大后依然保持和叔叔的通信,托马斯逝世时膝下无子,遗产由斯宾塞继承,正是借助这笔遗产,斯宾塞才有机会在后半生免于工作,专职写作。——译者

house)。他一担起教区的职责就开始为穷人的福利奔波劳心，建立学校、图书馆、新衣社，进行土地核配，建设模范村舍。直到1833年，他都是穷人之友，总是帮助穷人反抗监管者。当时有关济贫法的争论使得他认识到那时运行的体系所造就的恶果。尽管他是位热情的慈善家，但绝不是个胆怯的多愁善感者。因此，当新的济贫法一经通过，他就着手在教区内推行该项救济措施。几乎所有人都反对他：不仅仅穷人反对他，甚至先前那些承担济贫重税的农民也反对他。说来也奇怪，农民的利益竟然与原来那个对他们课以重税的体系相一致。原因不过是农民的一部分工资越来越普遍地由济贫税来支付——这部分被统称为“补助工资”（make-wages）[①]。尽管农民认缴了济贫税的大头，以此构成了补助工资的来源，但因为还有其他纳税人承担税负，农民似乎还是从该体系中受益。然而，我叔父没有被简单吓退，他直面所有反对并推行新法。两年内，税负从每年700英镑降到每年200英镑，同时教区环境也极大改善。“那些之前在街角或在酒馆门口晃荡的人，现今也有事可做，一个接一个得到雇佣。”因此在800人的教区总人口中，只有15人作为无可救药的穷人被扭送至当时成立的巴斯联合救济会（Bath Union），而在不久之前，教区还有100人接受院外救济。据说多年以后，教区民众送给我叔父一架价值20英镑的望远

① 英格兰济贫体系历史悠久，条款复杂。1782年，在托马斯·吉尔伯特（Thomas Gilbert，1719—1798）的推动下，《吉尔伯特法案》通过。该法案规定教区在救助老弱病残的同时，也为身体健康的穷人（able-bodied poor）提供院外救济（outdoor relife），也即此处的补助工资。在18世纪80年代，因为高昂的粮食价格、低工资和土地圈并，英国失业率高企，而济贫税也随之水涨船高。这种院外救济直到1834年济贫法改革之时才有所改变。——译者

镜，而这是他从纳税人那里得到的唯一回赠。对此，我只需提及以下事实作为答复：多年后，当叔父因为公益事业积劳成疾过世之时，他被送回辛顿（查特豪斯）安葬，送葬队伍中不仅有富人，也有穷人。

多重动机促成我做出这些简述。首先希望证明，我们对民众的同情和为他们利益进行的自我牺牲并不必然意味着无条件的帮助。其次也是想要说明，通过诸多人工干预去缓解不幸并无好处，相反减少人工干预则可获益。最后，我想进一步达到的目的，就是为下面的类比铺平道路。

而今，以不同形式而且在不同层面，我们日渐发展出一种体系，这种体系与旧济贫法下的"补助工资"体系在本质上并无二致。尽管政客们对此所知甚少，然而这些为了劳动阶级的舒适而出台的措施以纳税人的付出为基础，究其根本，此类措施与过去将农民视为半劳动者半赤贫者的措施没有根本不同。在上述两种情况中，劳动者都按劳取酬并购得所需，同时，为了保证他们的其他所需，税收筹集的公共资金为之买单。既然他们的所需由纳税人无形地贡献，而非用雇主支付的工资来支付，那么这时，他们所获得的是"补助工资"还是实际的商品与服务，这种区别重要吗？其中的原则都是一样的。这时，就让我们把旧有的工资补助换成现在的商品和物品补助，再来看看这种区别的重要性。在旧济贫法中，农民用劳动换取等价的房租、面包、衣物和燃料，同时纳税人给他和家人提供鞋、茶、糖、蜡烛和些许培根等物品。当然，这种两分比较随意，然而毫无疑问，农民自己和纳税人一同为农民一家置备了这些东西。现今，工人从雇主那里得到工资，以购买他所需的等价消费品;同时也从公共纳税人那里满足了他的其他所需和所求。因为纳税人的付出,在某种情况下他以低于商业价格的花费来获得住房,而未来这种情形将更为常见;正如在利物浦,市政当局花费 20 万英镑来推倒和重建下层阶级的住宅,并有计划再投入同等巨款,这意味着纳税人以此方式为穷人提供了更多的住房,而在其他情况下,穷人们付出的房屋租金要更多。在子女就学这块,工人进一步从纳税人那里获得更多,多于他的付出,甚至在未来,他的孩子很有可能在纳税人的付出下免费入学。同样,纳税人也满足他阅读书籍和报刊的愿望,并且为他提供舒适的阅读地点。在曼彻斯特的例子也如此,当局为工人家的孩子,无论男孩和女孩,都提供了体育馆和娱乐场所。也就是说,他从当地税收支撑起的公共资金中获利,这种特定利益也超过他自身劳动报酬所能给予他的利益。此等体系和旧有的"补助工资"体系的唯一不同之处,不过是他们所获之物的不同,但这种区别丝毫不会影响其本质。

再者,这两种体系本质上受困于同一种幻想。在上述两种情况中,貌似免费的利益其实并不免费。在旧济贫法下,半赤贫的劳动者从教区所获的补贴勉强可以维持他的每周所需,但是这种表面上的额外津贴并非真正的福利,因为他的工资在根本上也相应地等价减少。我们也可以很快证实该判断,因为此种体系一经废除,工资就会有所提升。而市镇劳动人群貌似获得的福利也是如此。我不仅想要表明以下事实,即当他们不是直接纳税人的时候,他们就没有意识到住房租金的上涨实际上就是部分隐性的支出;我更要指出,正如农业劳动者的工资一样,他们的工资因为雇主所承担的公共税负的增多,而实际上在减少。看下近来有关兰开斯特郡棉纺工人罢工的报道，就可以从工人们那里得知，该行业的边际收益之小，以至于技术不足和资本不够的手工业主破产，而那些与之竞争的同行业公司也难以自保。就此我们考虑下工资问题。生产成本必须把中央税和地方税纳入计算。如果像在大市镇一样，现在地方税涨到租金的三分之一甚至更多，那么雇主在为私人住宅，以及经营场所、生产工厂、存储仓库等地支付租金之外，还需要背负地方税；因而，这部分开支将由其资本所产生的利润来覆盖，或者由雇员的工资来负担，或者由两者各负担其中的一部分。如果在同行业或不同行业，资本家之间的竞争导致利润持续下降，此中有人赢利，有人亏本，甚至有不少人破产；如果在某行业资本没有产生足够的利润，从而流向其他行业，导致本行业工人失业：那么显而易见，在这些情况下工人别无选择，只能减少劳动量或者降低工资数。再者，出于各种原因，地方税也推高了工人所需的消费品的价格。因为一般来说，经销商的定价与销售过程中资本的现有利润率挂钩，销售中的额外成本不得不由价格的上涨来弥补。所以，现在与过去一样，在过去农村劳动者的所得不过以另一种方式返还，现在的城市劳动者也如此。在这两种情形中，劳动者都将遭受损失，这种损失来自管理成本的增加及其造成的相应的浪费。

“但是凡此种种，与‘奴役迫近’又有何相干？”有人可能会这样问到。这两者并没有直接关系，却有大量间接关联，然而要在下面的章节过后，我们才将了解这种关系。

据说西班牙的铁路在首次开通之时，就常常有农民因为站在铁轨上被碾死，人们责备火车司机没有刹停火车：然而巨型物体在高速运动时所具有的动能，农村人的经验对此并没有概念。

此等意外事件让我想起所谓“务实的”（practical）政客，他的头脑中也没有类似于政治动能的观念，他更不知道政治动能没有减少或维持不变，相反还在增加。他的日常理论就是其措施所造就的变化，会如其所愿，让停就停。他以为自己所作为之事将获得成功，但是很少考虑到他所作所为的长远问题，更别说兼顾相应的复杂问题。战争期间，政客通过鼓励生育来增加新兵（food for powder）数量，皮特先生[①]就呼吁：“让我们救济数量庞大的儿童，这是一项正直而且光荣的事业，远非耻辱和羞愧之事。”[②]但他们没有预见到，50 年内济贫税翻了四倍，而那些拥有众多私生子的女人比贞洁的女人更易出嫁，因为她们能从教区获得救济。他们更没想见，多数纳税人竟会沦为赤贫阶级。1833 年，立法者同意每年拨款 2 万英镑来资助校舍建设，但未曾料到，他们所推行的措施将导致在中央和在地方的强制派捐，现在派捐总额高达 600 万英镑。他们也并非有意设立以下原则：让甲必须对乙的后代的教育负责。他们也没有想见，政策会使得穷寡妇失去她大儿子的帮助。立法者更没有预料到，他们的后继者会要求贫困父母去向监管委员会申请学费减免，因为校董事会没有减免这些学费，而这也使得人们养成向监管委员会提出申请的习惯，并导致他们成为赤贫人口。[③] 1834 年，立法者在某些工厂就妇女与儿童的劳动做出

① 威廉·皮特（William Pitt，1759—1806），也即著名的英国首相小皮特，曾经在 1783—1801 年和 1804—1806 年两度出任英国首相，任内经历拿破仑战争。——译者

② Hansard's *Parliamentary History*, 32, p. 710.

③ *Fortnightly Review*, January, 1884, p. 17.

限制，但是他们未曾想见自己开启的该举措，最终拓展到所有的生产单位中，只要该单位雇员超过 50 人，其劳动就会受到管制和监察。他们更没有料见，监管会延伸到那种程度，以至于监管要求工厂在雇佣年轻人之前，有资质的医生有权对年轻人进行无限制的私人检查，直到他确信该青年并无重大疾病或身体残疾，医生的检查也将决定年轻人能否获得工作。[①] 诚如所言，当政客扬扬得意于实践自身目标之时，他们却很少想过自身的政策除了直接结果之外，还有间接影响。所以，我们尝试举一个与之前所言相关的例子。绩效工资体系本来仅仅只是想要给予教师们有效的激励，但是未曾料到，在很多情况中，教师们在激励的作用下牺牲了自己的健康。我们也不曾想见，他们会采用死记硬背的教学法，并且对迟钝和柔弱的儿童施加不合理的压力，从而时常对孩子们造成巨大的伤害；我们没有想到，在大多数情况下，孩子们遭受的身体损害，即使是再多的文法和地理知识也无法弥补回来。当局为酒吧颁发执照，不过是为了维持公共秩序：那些想出此法的人绝对没有料到，这会造就一个利益团体，该团体采取危险手段，严重地影响了选举。“务实的”政客强制要求商船画出载重吃水线，但他们没想到，船主受到利益的驱动，常常把吃水线画在最高位置，并沿此趋势一再破例，使得这条吃水线逐渐提高，增长到高标准的船只才能到达的位置，权威人士告诉我，这已成常态。40 年前，立法者通过议会立法，强令铁路公司提供廉价的铁路服务，然而最终该法案竟然对那些提供更好服务的公司造成伤害，那时有人就预见到这一

① *Factories and Workshops Act*, 41 and 42, Vic., cap. 16.

点，但是立法者对此报以嘲笑的态度。因为当铁路公司开始用快车来搭载购买三等票的乘客之时，它就要为每个所搭载的三等票乘客缴纳乘客税。再多举一个与铁路相关的例子，当我们比较英法两国的铁路政策时，我们将更为震惊。立法者为挽救濒死的法国铁路，试图将之收归国有，但他们未曾想到此后运输设备将变得更为低劣；他们也未曾预见，业主最终宁愿把铁路卖给政府，也不情愿降价。立法者也禁止沿线再修铁路，以免造成竞争，然而因为缺少竞争，火车也将变得相对更贵、更慢和更少。正如托马斯·法勒爵士[①]最近所言，相较于法兰西的旅客，英格兰的旅客在旅行途中享有更多的经济、快速和便捷。

然而，无视一代又一代人的前车之鉴，"务实的"政客还是只盯着这些眼前的结果，而自然而然地忽视那些别的可能，那些别的可能结果远比之前列举的更为长远、广泛且重要。我们还是重复上面的比喻来说明问题：他的政策开启的政治动能有时会减少，有时则激增，但是他从未思考过这种动能是否会与其他动能相叠加，在现今产生出集聚的能量，造成未曾预见的变化。他仅仅考虑自身所推出的一系列立法的效果，而没有对其他已经存在的类似的立法大潮进行考察，更没有反思过那些继他的创制之后，追求相同目标的其他立法潮流。因此，他从未想过，这种种趋势可能在现今

① 托马斯·亨利·法勒(Thomas Henry Farrer，1819—1899)，也即第一代法勒男爵，是英国公务员和统计学家。法勒长期供职于英国政府下属的贸易委员会(The Board of Trade)，他在政治上持自由主义态度，而在经济上则强力推崇自由贸易，著有《自由贸易与公平贸易》(*Free Trade Versus Fair Trade*)等书来支持自由贸易。1894—1896年，他一度担任英国皇家统计学会主席。——译者

融汇成巨大的洪流，从而完全淹没和改变事物的面貌。或者我们可以不用比喻，而换一个更为确切的表述：他没有意识到自己正在助长一种特定形态的社会组织，那些繁多的措施造成了组织的种种变化，这些措施持续施加作用力，使得这种特定社会形态更加普遍化。超过临界点之后，其趋势就无法逆转。每个社会总是尽可能地对其他社会输出自己的社会结构——就像在希腊，斯巴达人和雅典人竞相传播各自不同的社会制度；在法国大革命时期，欧洲的绝对君主们总试图在法国重建绝对君主制，而共和主义者则鼓励别国建立共和制。所以在各个社会中，每种结构也都倾向于自我增殖。正如公司、协会和联合会等自愿合作体系，为了达到商业或者其他目的，它们也会在共同体里传播该体系；与之敌对的强制合作体系则出现在国家机构中，其也会进行自我传播。组织扩张得越大，其扩张能力也就越强。对政客来说，首要问题不过是“我趋向于推广的是哪种社会结构”，然而他却从未思考过这个问题。

在此，我们会为他考虑这等问题。让我们观察一下最近这些变化的普遍趋势，以及相应的观念大潮，看看它们将把我们带到何方。

每天我们都会遭遇到这样的问题：“既然我们已经做了这些，为什么不应该做那些呢？”由此我们遵从先例，持续推出管制性法案。限定劳动时间和管理工人待遇的法案已经在越来越多的商业领域得到推行，而今又推广到商店中。我们从监管公寓以限制其租客人数和规定其卫生条件开始，发展到监管所有房屋，只要这房屋的租金低于一定价格，并且容纳不止一户家庭；现在我们更是拓展到对所有小型房屋进行诸多监管。[①] 国家收购和运营电报系统,这也成为督促国家收购和运营铁路系统的理由。

公共机构为儿童提供保障他们心智健康的食物,而后在某些情况下,又为他们提供保证他们身体健康的食物;随着这项举措越推越广,我们可以预见,最终人们会提议,此处的免费供给要推行到别的方面:因为良好的身体和心智是锻造良好公民的必要基础,而这在逻辑上也构成了扩展免费供给的理由。[②] 我们公然地继承为公众提供教堂、学校和阅览室的先例,并且主张道:“娱乐,那种现在普遍公认的娱乐,至少要像工作一样,受到立法的保障并进行有效的组织。”[③]

不仅仅是先例推动了这些扩张,而且为了弥补那些效果不佳的举措和处理持续产生的人为恶果,扩张管制也有必要。失败并没有摧毁人们对这些管制机构的信念,反而不过是使得人们更为急切地推动建立这类管制机构或者更多的分支机构。禁止酗酒之法,古已有之,延续至今;更严格的禁令要求每个区域晚上都不得贩卖酒精饮料,但没有达到预期的效果,于是有人呼吁更为彻底的法令,在该区域全面禁止售卖;无疑更有人呼吁在当地像在美国一样,实行全面禁令。所有“扑灭”流行病的措施,都未能成功阻止天花、热病和类似疾病的爆发,更进一步的补救方法就是运用警察权,挨家挨户

① 参见 Letter of Local Government Board, *Times*, January, 2, 1884。

② 这点比我的预期更快来到。本文于(1884 年)1 月 30 日付印,4 月 1 日出版。这期间,也即 3 月 13 日,伦敦学校董事会决定请求当局调动地方慈善资金为贫困儿童提供免费食品和衣物。最近我们也拓宽了对“贫困”(indigent)的定义,更多儿童被定义为贫困,而这也产生更多资金缺口。

③ *Fortnightly Review*, January, 1884, p. 21.

搜查患病人士;同时授权医疗官员检查任何他们想要检查的人,以查验此人是否感染流行病或传染病。济贫法养育了一代代目光短浅之人,而正是因为目光短浅,他们可以繁衍生息,强制性慈善所造成的恶果现在又希望借助强制性保险体系来解决。

政策的扩张带来相应观念的扩张,各处都在助长以下这种不言而明的预设:任何事情一旦没有做对,政府就应该介入。如果你对目前的言论和行动有所不满,有人就会大声疾呼,“你确实不该让此等不幸继续下去”。我们来考察下这种疾呼的意涵。首先,他理所当然地认为所有苦难都应该被消除,然而这并不正确:某些苦难具有治疗作用,而消除苦难就是消除这种治疗。其次,他理所当然地认为所有恶果都可以被移除:事实上,由于人性的既有缺陷,许多恶果只能被从一个地方推移到另一个地方,而在此变化过程中,恶果经常增加。这种疾呼同样也毫不犹豫地预示如下信念,此信念在此也与我们相关,也即国家应该解决所有类型的恶果。无人质疑其是否能由其他机构加以处理,也无人质疑造成问题的恶果是否处于这些机构能妥善处理的范围之内。显然,政府介入越多,这种思维定势也就越坚固,要求介入的呼声也就愈发响亮和长久。

管制政策的每次扩张都会增加额外的管制机构,同时,也强化官僚主义和巩固官僚组织的权力。就像一架天平,一端有很多砝码,而另一端只有少数砝码。把砝码一个个从多的一端移到少的一端,现在天平将平衡。如果你继续这个过程,天平两端的轻重也将逆转。假设天平臂本身就不等长,臂长的一端砝码较少,然后我们把此端的砝码移到另一边,这将造成更大的影响,并将使得轻重更快地易位。我用这个比方来说明,将个体陆续从被管制的共同体中移位到进行管制的机构中，会造成何种影响。这种移位弱化了一方而强化了另一方，其造成的影响程度远比数量的相对变化来得更深远。一个相对小型的官僚团体，因为共同的利益和中央的权威而凝聚起来，相较于无凝聚力、没有固定策略的公众来说，具有极大的优势，而只有强烈的愤怒才能促使公众联合起来一起行动。因此官僚组织一旦度过特定的成长阶段，将变得越来越不可逆转，这正如我们所见到的欧陆官僚制度那样。

随着管制方的力量增强，被管制方的反抗力量将以几何比例衰减下去，不仅如此，被管制方中大部分人的私人利益，也使得这种变化速率更加迅猛。各个圈子现今都在讨论如下事宜：当只有通过竞争激烈的考试才有资格从事公共服务的时候，人们就会教育年轻人要通过考试并受雇于政府。结果就是原先那些批评官僚作风越发兴盛的人们，现在虽说不上喜欢，但是至少也以宽容的态度来看待其发展，因为官僚制的扩张为他们的亲属或者有关系的人提供了职业机遇。任何人只要想起那数量庞大的对其子女前途充满焦虑的上层家庭和中产家庭，就将观察到，那些原本反对立法管制的群体，随着私利的增多，现在开始鼓动拓宽立法的管制。

偏好受人尊敬的职业增强了人们对职业的迫切渴望。“尽管薪资低廉，但是他的职业仍然是绅士的职业。”一位父亲如是想到，所以他希望自己的儿子能担任政府文员。与从商相比，担任政府公仆相对体面；随着管理组织成为社会中越发庞大和强势的构成要素，这种体面程度也随之增长，而就职于政府越来越被人们视为荣誉的标准。法国年轻人的普遍野心不过是在家乡得到一个卑微的官职，以此爬升到地方政府的中枢，最终走向巴黎的领导职位。

在俄罗斯，国家的普遍管制标明其属于军事社会形态，而这种国家的普遍管制也做到了极致，此时人们谋求公职的野心发展到顶峰。华莱士先生[①]就引用一小段戏剧章节来说明这种情况："所有人，甚至店主和补鞋匠，都谋求成为官员；而那些终其一生未入官阶者，似乎不足以为人。"[②]

自下而上的期待与请求也持续响应了上述这些自上而下的影响。该体系的支持者绝大多数是辛苦劳作和过度劳作之人，还有些是长期受到帮助以至于寻求更多帮扶的无能之人。他们早已是该体系的支持者，因为国家机构许诺给予他们这般或那般的好处；他们早已是那些人的信奉者，因为那些人许诺上述好处能落实而且应当被落实。他们怀着热忱的信仰聆听那些政治白日梦的鼓吹者，这些鼓吹者中既有牛津的毕业生，又有爱尔兰的不服从者。每项由税收支持的、改善他们福利的新增政策，都会激发他们的进一步渴望。确实，公共机构越多，市民就越强化如下观念：无事不应为其所做，而其自身则应无事可做。通过个体行动或私人间的联合来获取所需，一代又一代人对此愈发感到陌生；相反，他们愈发熟悉借助管制机构来获得所需，直至最终，他们视管制机构为唯一可以依靠的机构。最近在巴黎召开的工会总会很好地展现了上述结果，英国代表向英国选民描绘了英国代表和他国同行之间的区

① 唐纳德·华莱士（Donald Mackenzie Wallace，1841—1919）是苏格兰公务员、作家以及《泰晤士报》的编辑和外国通讯员。18 世纪 70 年代的早些时候，华莱士受私人邀约旅居俄国，1876 年他回到英国并于次年写出了三卷本有关俄国的作品，这部作品获得极大成功。——译者

② *Russia*，I.422.

别,“区别的关键在于要求国家介入劳工保护的程度”。因此,他们提及以下事实:在会议中显而易见,法国代表总是呼吁政府权力的介入,以此作为实现他们希望的唯一手段。

在这等方向上,教育普及政策也在生效,而且将更加奏效。“我们必须教育我们的主人”,这是一位反对近期选举权扩张的自由派的名言。如果教育承担如此重要的责任,而且也与我们所需的政治启蒙相关,那么我们可能就对教育希望颇大。但是对语法规则的学习,对数字的正确计算,对地理信息的掌握,在记忆中填满国王即位和将军凯旋的时间,凡此种种,都无助于形成准确的政治判断,就像习得绘画技巧无助于精通电报技术一般,或者学会打板球无助于演奏小提琴一般。有人会答道:“阅读能力确实是了解政治知识的必由之路。”确乎如此,但是人们会行此路吗?席间漫谈可知,十分之九的人通过阅读书刊来获得娱乐或者趣味,而非得到教育;那些揭示恼人真相或者打消无谓希望的书籍,最无人问津。毫无疑问,大众教育使得人们可以广泛地阅读那些提供愉悦幻想的出版物,而非那些坚持揭示残酷事实的出版物。《帕尔摩报》(*Pall Mall Gazette*)在1883年12月3日就刊登了一名“机修工”的说法:

> 教育的提升带来对文化的渴望,文化带来对许多事物的渴望,而这些事物是远非劳动者所能企及的……在现在这个陷入竞争激烈的时代,穷苦阶级根本无法触及那些东西;因此他们不满现状,受的教育越多,他们就越不满。从而,我们中的大多

数人也把罗斯金先生和莫里斯先生[①]视为真正的先知。

此处这种因果联系真真切切，从德国的现状中，我们可以看得分明。

因为拥有选举权，大多数人现在被培养出寄希望于社会重组来获利的习性，结果导致任何人如果想要得到他们的选票，即使他无须屈服于诱惑，公开表达对他们的支持，但是至少也不应该去揭露他们的谬误。每个议会候选人都争先恐后地提出或者支持一些哗众取宠的立法。甚至那些忧心地位不保的政党领袖和试图上位取而代之的政治人物，都会竞相飙价来争取支持者。正如我们近期所见，每个人都比其对手承诺更多，以讨好民众。议会中的分歧也向我们表明，对领袖的传统式忠诚超越了对政策本身是否合理的讨论。代表们投票赞成那些他们认为原则上有错误的法案，并不会使得自己感到良心不安，因为这是政党所需而且也为顾及下次大选。由此，有害的政策甚至被洞明其恶果的政客强化了。

同样地，在户外的积极宣传也持续导致所有上述影响。一出出议会法案都给予共有财产理论以部分的支持，而无数公共人物在寻求支持者时，即使不明示也默认这种理论。公众领袖也以各

① 约翰·罗斯金(John Ruskin, 1819—1900)是维多利亚时期著名的艺术批评家、社会思想家和慈善家。在19世纪50年代后期的作品中，罗斯金开始批评英国原有的政治经济学，认为这门学科无助于理解人类欲望和动机的复杂性，从而罗斯金也批判现代工业资本主义，因为在这个体系中，随着劳动分工的开展，工人尤其是手工艺人不仅与其产品相分离，而且与其工人同胞还有其他阶级相区隔，从而不断产生仇恨感。威廉·莫里斯(William Morris, 1834—1896)也是维多利亚时期一位重要的文化人物，他是诗人、小说家和社会活动家，晚年受到马克思和无政府主义者的影响成为积极的社会活动家。——译者

种形式越来越大声地支持该理论，还有社会团体在推动此理论。世人皆知，乔治先生及其同伴倡导土地国有化运动[①]不过是想建立一个抽象的平均地权体系，他们公然无视现有土地所有者的合法权利，此种计划已经过半走向了王朝社会主义。海德曼先生及其信徒提倡建立一个彻底的民主联盟。[②] 他们告诉我们："现今拥有土地的屈指可数的掠夺者们，没有权利也不可能有权利对那些千千万万受其压迫之人继续进行残酷压迫了。"他们高声呼吁人们反抗"那些染指我们伟大的铁路交通系统的股东们"；他们痛斥那些"活跃的资本家、放贷者、农场主、矿主、承包商、中间人、工厂主都是现时代的奴隶主"，这些人"从其雇佣的工资奴隶中攫取越来越多的剩余价值"；他们认为将贸易"从个体贪欲的控制中拯救出来"，此时"正当其时"。[③]

我们仍要指明，媒体更多的日常鼓吹也强化了这些已经展现出来的趋势。记者总是小心翼翼地避免言及读者们的不喜之处，其中一些人更是随波逐流且推波助澜。之前他们痛斥立法干预，现在他们不说赞成也至少是默许其通过，他们说"自由放任"(laissez-faire)是要被打破的信条。有天我们将实现如下宣

---

① 亨利·乔治(Henry George，1839—1897)是一位美国政治经济学家和记者。在19世纪后期与20世纪初，乔治的作品在美国乃至全世界都有很大影响，鼓舞了各种进步运动。乔治认为民众应当享有自身的劳动所得，但是从土地(包括自然资源)中所得的经济财富必须被全民共享，所以乔治支持建立单一的土地税来促进社会公平。这种征收单一土地税的举措也被称为"乔治主义"(Georgism)。——译者

② 亨利·海德曼(Henry Hyndman，1842—1921)是一位英国政治家和作家。海德曼一开始倾向保守观点，后来受到马克思的影响，建立了英国第一个左翼政治联盟，也就是1881年成立的社会民主联盟(The Social Democratic Federation)。——译者

③ *Socialism Made Plain*, Reeves, 185, Fleet Street.

言:“民众不再惧怕社会改革的思想。”随后,人们将耻笑不采用《免费图书馆法案》(The Free Libraries Act)的市镇,因为这些市镇会对如此适度共有财产的政策这般警觉。再者,报纸刊物都会断言这种经济上的演化即将到来而且必须被接受,其显现也被归于这些鼓吹者的贡献。同时,那些将近期的立法进程视为灾难的人,也会认为未来的立法进程将造成更大的灾难,然而他们保持缄默,因为他们相信跟这些醉心于国家政治立法的人说理,纯属徒劳。

许多并行的推动力恐怕将持续地为现在这种转变的发生提供加速度。人们遵循先例而推动管制的扩散,而且随着政策的进一步推行,先例也越发获得权威。人们对行政性强制和限制的需求也逐渐增长,而这不过是为了弥补之前未曾预见的恶果和不足,这些恶果与不足就是由先前的强制和限制所造成的。每一项新增的国家干预都在强化如下的默认假设:国家有责任去解决所有恶果和确保所有好处。行政机构日渐壮大,力量日益增强,而社会中抵制其继续增长和控制的力量,则相应地减少。不断发展的官僚制开放了繁多的职位,这也诱惑受其管理的民众去迎合其扩张,因为他们的亲属将有更多机会获得稳定和尊荣的职位。民众受到诱导,将自己从公共机构处获得的好处视为免费的利益,这也持续激发他们的希望,预期获得更多。教育的普及传播了令人愉悦的谬误而非严格苛刻的真理,如此也使得上述的希望越发强烈和普遍。更糟的是,候选人们操纵民众的希望,迎合民众的喜好,从而增大他们的当选概率。政党领袖为了党派利益，通过持续容忍这些做法，以求民众支持。热心的政治人士和愚蠢的慈善家所推行的信条也与新法相一致，并且不断在新法中得到确证，这也使得他们以更强的自信心和成就感来推行扰民行为。新闻界也对流俗的公众意见负有责任，因为它们日常为其发声，增广其力；相反，它们不鼓励不同的意见，以致其销声匿迹。

因此，各式各样的影响在一同密谋作用，以增加人们的集体行动而减少其个体行动。这些变化在方方面面都有谋划者出力帮忙，但是这些谋划者都只为自己的一亩三分地着想，而根本不顾及自身与其他人一同引发的普遍的社会重组。据说，法国大革命吞噬了自身的成果。此处我们将这两种灾难进行类比也并无不妥。议会法案引发了诸多朝向社会改革的变化，这些变化与目前其他的各种改变一起，将在不久之后，一同形塑出王朝社会主义——人们积水成河，终被洪流吞噬。

"但为何此种变化被称为'奴役迫近'？"许多人会这么问。答案很简单：所有这些变化都包含奴役。

奴隶概念的本质为何？首先，我们视奴隶为他人所有。然而在这种名义上的定义之外，上述的所有权必须体现在对奴隶行为的有所控制——通常控制者为了自身的利益而控制他们。奴隶的基本特征就是被迫为满足他人的欲求而劳动。奴役关系也有程度上的不同。我们需要记住，起先，奴隶不过是囚犯，俘虏者控制了他的生命；我们需要注意这种奴隶制中有种残酷的形式，也即奴隶被视为畜生，不得不全身心地为主人服务。而在比较不残酷的情况下，奴隶尽管主要为主人劳作，但也允许短时间内为自己劳作，在获得许可的某些土地上种植额外的食物。在宽和的情况下，奴隶有权贩卖自己耕作出的产物，并保有所得。在更为宽和的情况下，征服者通常把奴隶转变为我们所说的农奴，这些农奴作为自由人在自有土地上劳作：他每年要向主人提供固定数量的劳役或者产出，或者两者兼有，同时自己保有剩下的部分。最后在一些情况下，正如俄罗斯近来的那样，奴隶可以离开他主人的庄园，在其他地方自己劳作和经商，条件则是每年要向主人缴纳费用。在这些例子中，什么使得我们对奴役的轻重程度做出判断？明显是奴隶被迫为他人利益而非自身利益所做劳动的多少。如果奴隶的所有劳动都为其主人的利益，则奴役程度严重；如果奴隶很少为其主人劳作，则奴役程度较轻。更进一步，我们假设主人过世，他的产业和奴隶都被移交给托管人，或者假设其产业和所有都被某一家公司购得，如果这时奴隶依然被迫从事同样繁重的劳作，他的境遇又有多少改善呢？假设我们把这里的公司换成共同体，该奴隶如果与以前一样，依然要花大量时间为他人劳作，而留下很少时间为自己劳作，这时他的境遇又有何不同呢？本质问题是他被迫花多少精力为他人利益而劳作，而又留下多少精力为自己的利益劳作。他受奴役的程度取决于他被迫缴纳和可以自留的比率，他的主上是个人还是社会则无关紧要。如果他别无选择只得为社会劳作，而社会只返还给他总产量的一部分，他就是社会的奴隶。上述的社会改革就是这种形式上的奴役，近来许多措施以及人们支持下的更多措施，都在把我们带向这种奴役。让我们先来考察下这些举措的当前效果，然后考虑其远期后果。

《工业住宅法案》开启的政策得到推展，也将继续推广。当市政当局成为房屋建造商之时,他们不可避免地会拉低其他房屋的价格,并且抑制供给的增多。涉及房屋制式和便利设施的每项规定,都降低了建造商的利润,从而促使建造商把资本转移到利润未曾减少的别处。同样的,房屋所有者已然发现小型房屋意味着颇多劳力和损失,他们已然受制于监管和干预带来的麻烦,他们的成本也随之升高,如此日复一日的投资亏损促使他们脱手物业。而购买者也基于同样的理由畏惧不前。最终,所有者不得不亏本出售房屋。现在这些管制持续增长,格雷勋爵[①]也提倡管制,最终要求业主以驱赶肮脏房客的方式维持房屋卫生,还增加业主监管麻烦之事的责任,这些都必将进一步推动甩卖和抑制购买,从而导致价格大跌。必然发生的结果是什么?房屋,尤其是小型房屋的增长将极速受到抑制,而人们必会更多要求地方当局去弥补这种供应不足。越来越多的市政团体或者类似机构将不得不从事房屋建造,或者购买那些私人出于上述原因而不愿购买的房屋——这些房屋远低于应有的价值,因此在许多情况下,建造新屋还不如购买旧屋。此番过程以双重方式起作用,因为地方税为购买房屋的每次新增都将压低财产价格。[②] 当此进程蔓延甚广,以至于地方当

① 这里的格雷勋爵指的可能是阿尔伯特·格雷(Albert Grey,1851—1917),第四代格雷伯爵。1880年,年轻的格雷成为自由党的下议院议员。——译者

② 如果有人认为这种恐惧毫无根据,请他思忖下,自1867—1868年度到1880—1881年度,我们联合王国每年的地方开支从36 132 834英镑增长到63 276 283英镑;此13年间,仅仅是英格兰和威尔士的市政开支就从每年1300万英镑增长到3000万英镑。公共负担增重和其他因素如何一同导致公共产权的出现,下院议员拉斯伯恩先生(W. Rathbone)的言论已经有所说明,自从上述段落排版成型后,我也持续关注此问题。拉斯伯恩先生说道:"就我所知,纽约的地方税从每人12先令6便士增长到每人2英镑12先令6便士,这税价比一个普通英国地主的全年收入还高。" *Nineteenth Century*, February, 1883.

局成为主要的房屋所有者时，那这将成为一个很好的先例，一个为乡村民众提供公共住房的先例，而这正是激进计划（The Radical Programme）所主张的[①]、民主联盟所鼓吹的。他们坚持“强制为健全的工人和‘农业劳工’提供住所，并且住所数量应与农工人口成比例”。显然，这种趋势已经发生，正在发生，也将在不久后持续发生；在这种趋势下，我们将迈向社会主义式的理想状态，也即共同体成为唯一的房屋所有者。

在有关土地所有和使用问题上，日益增长的政策也必将达到同等效果。数量繁多的公共利益，由数量繁多的公共机构来保障，也以公共负担的增多为代价，也必然从土地产出中抽取更多；随着价格的贬值幅度越来越大，最终对变更所有权的抵制也越来越小。众所周知，许多地方已经招租困难，纵使减租极大；有些地方比较贫瘠的土地被抛荒，或者所有者自己耕种后，损失惨重。显而易见，投资于土地的资本利润不会不受到税收的影响，为了支持公众管制机构的扩张而汲取的中央税和地方税会吸取资本的利润，这也迫使所有者出售土地，这些人降低成本的最佳方法就是移民或者购买无须承担沉重税负的土地。确实，这种现象正在发生。此等进程推行够远的话，必然导致贫瘠土地的抛荒，而后，阿尔赫先生[②]的呼求在人们心中也将愈发常见。阿尔赫先生最近在布莱顿

---

① *Fortnightly Review*, November, 1883, pp. 619-620.

② 约瑟夫·阿尔赫（Joseph Arch, 1826—1919）是一位著名的英国农业劳工和循道宗布道人。阿尔赫出身农家，终身致力于组织农业工人以及改善他们的境遇，1872年英国全国农业工人联合会（National Agricultural Labourers' Union）成立，阿尔赫出任首任主席，该协会也推动了英国农民向加拿大和大洋洲的移民活动。同时，阿尔赫也在努力推动选举权的扩大，在1884年议会改革后的次年，阿尔赫当选自由党的下议院议员，成为第一位进入下议院的农业劳工。——译者

激进联盟(The Radical Association of Brighton)发表演讲,主张现有的地主们没有保证他们手头土地的生产效率,以服务于公共利益。阿尔赫先生说,“人们应该希望现在的政府批准一项强制种植法案”,人们会赞同这个提案,因为他们也赞同强制疫苗法案(由此我们可见先例的影响)。这种呼求将被推进,这不仅源自保证土地生产的需要,而且出于雇佣农村人口的需要。政府扩展措施,雇佣失业者在荒芜的土地或低价获得的土地上劳作,此时我们也就到达新的阶段,此后只要往前一小步,我们就会采用如下的制度安排——“在国家主导的合作原则下组织农业大军和工业大军”,在民主联盟的计划中,这是土地国有化后的政策。

对那些质疑此革命是否会实现的人,我们征引以下事实来证明其可能性。在罗马帝国衰亡期间,在高卢,“相较于施惠者,受惠者如此之多,税负繁重,劳动者不堪重负,平地变荒原,农田变野林”[①]。同样的,在法国大革命迫近之时,公众负担如此之重,土地大量抛荒,变得荒芜:四分之一的土地完全沦为荒原;在某些省份,只有一半的土地仍然正常耕作。[②] 我国并非没有类似情况。在旧济贫法下,某些教区的税率高达地租的一半,许多地方的土地闲置,此外更有甚者,税负攫取了所有的土地产出。

1832 年,在白金汉郡的乔里斯伯里(Cholesbury),济贫税“突然陷入无法继续征收的境地,地主放弃地租,佃农放弃承租,牧师放弃教会地产和什一税。牧师杰斯顿先生记述到,在 1832 年 10

① Lactant, *De M. Persecut.*, cc. 7, 23.

② Taine, *L'Ancien Regime*, pp. 337-338.

月，教区公职人员丢弃他们的案牍而去，穷人们也来到他的家门前集会，呼求帮助和食物，而他此时还躺在床上。在一段时间内，他们获得的仅有的支持就是来自杰斯顿先生的微薄收入、周围邻里的捐款以及邻近教区的税收支援”①。

同时委员会成员补充到，“这个仁慈的牧师建议应该把所有土地分给身体健康的赤贫人士”，希望经过两年的帮助后，他们可以养活自己。这些事实为那些在议会所做的预言添光加色，预言认为如果旧济贫法再持续 30 年，土地将完全被抛荒。这些事实表明公共负担的不断增涨最终将导致公共管制下的强制耕种。

接着是铁路国有化问题。欧陆已经在很大程度上实现了铁路国有化。几年以前，我国也已经大声呼吁铁路国有化。许多政客和公众人物曾经提出过此等呼求，现今民主联盟也开始老调重弹。他们提出：“铁路以有偿购买或无偿征收的方式收归国有。”显然，来自上层和下层的压力合在一起，很可能推动该政策所要求的变化，造成此政策在各处得到推广；以此，许多附加变化也必将出现。对铁路所有者来说，一开始只有铁路所有者和铁路工作者经营着与铁路直接相关或者间接相关的诸多产业，当政府收购这些铁路时，政府也将不得不收购这些产业。国家现在已经垄断信件收发和电报收发，还在逐渐垄断包裹收发，此时国家不仅将会垄断乘客、货物和矿物运输，还将会在此之外垄断更多的商贸活动。现今，除了建立海军和陆军设施，修筑港口、船坞、海堤等设施外，国

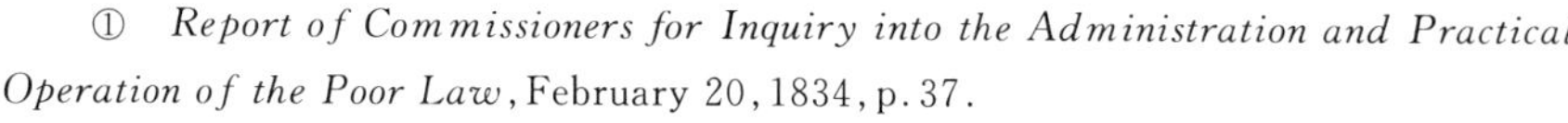

① *Report of Commissioners for Inquiry into the Administration and Practical Operation of the Poor Law*, February 20, 1834, p. 37.

家还从事船舶建造，运河挖掘，小型武器、弹药、军服和军鞋的制造。正如民主联盟所说，如果国家以有偿购买或无偿征收的方式收购铁路，那么其也将不得不成为火车引擎制造者、车厢提供者、车厢防水蓬和润滑油制造商、客船所有者、煤矿挖掘者、石矿采掘者、巴士所有者等等。同时，国家的地方代理机构，也即市政当局，已经在许多地方成为供水者、供气商、电车建造者和运营者、浴室提供者，无疑当局还将会介入更多的其他产业中。当国家以直接干预或借助代理的方式占用或者建造相关的设施，来推动商品大规模的生产和流通之时，其将会以此为典范，把自身职能扩展到商品零售领域：法国政府正是如此，很早就介入烟草零售业中。

明显可见，人们制造这些变化，推动这些变化，鼓吹这些变化，这不仅将把我们带到国家占据土地、房屋和交通通信的境地，使得国家机构管理与经营这些产业；也将把我们带到国家攫取所有产业的境地，以至于私有产业更多地处于劣势地位，并且日益面对来自国家的激烈竞争。国家能为自身所需配置所有资源，而私有产业也将日渐消亡。正如随着学校由公共董事会组织起来，那些私人自愿结成的学校也在逐步消失。这就是社会改革者所渴求的理想图景。

现在，人们在憧憬这种理想图景，而“务实的”政客其实也在帮助社会改革者推动此等图景。这个图景在社会改革者的描绘中也显出光明诱人的一面，但那些他们未曾描绘的阴暗面，那必然会出现的阴暗面又是怎样的呢？通常来说，婚期临近时，强烈的憧憬萦绕着人们，人们憧憬将来的喜悦而忘记可能的痛苦。热衷政治的人士和狂热的革命者也是此条箴言的很好案例。现存社会秩序所形塑的苦难使得人们印象深刻，但是他们不将这些苦难归因为人性中的一些问题，这些问题使得人性无法很好地与社会状态相适应，他们幻想可以通过这样或那样的社会重组来立刻解决这些问题。然而即使他们的计划成功，也只不过是用另一种恶果代替了原有的恶果。人们很少意识到，在他们所提倡的社会秩序之下，人们的物质福利得到满足之时，自由也会同比例地减少。

在他们看来，没有任何形式的合作，无论其规模大小，可以无须管制而持续下去；这也意味着这些合作需要服从于管制机构。就连他们那些推进社会变革的组织，也是如此。该组织不得不有议事会、地方官员和中央官员以及权威领袖，人们必须对此加以服从，以免出现混乱与失败。有些人极度赞誉一种新的社会秩序，他们支持要在家长制政府下建立一种新的秩序。这些人的鼓吹向我们表明，就连在那些由私人自愿组成的社团里，管制机构的权力虽说不是不可抗拒，却也越发强大。然而，这种权力经常遭到受管理者的抱怨与反抗。工会掀起了一场工业战争，以在雇主面前为工人谋利；它们发现近乎军事性的严格服从对保证其有效行动至关重要，因为议事会内部的分化对获取胜利最为致命。在合作者为商品制造和流通而组成的合作团体中，人们原本无须服从于军事性领袖，那种领袖只有在进攻和防御的军队中才有所需要，但是纵然如此，合作团体中的管制机构还是拥有至高的地位，以至于人们抱怨该机构为“组织内的暴君”。我们拥有一个全国性组织，这个组织不同于那些人们可以依其喜好、自由来去的相对小型的组织，因为每个公民都发现自己从属于该组织，而如果不离开国境，

他就无法脱离此组织，设想下这种情况会带来什么。在这种条件下，该组织会演变成日渐集权的官僚专制，把共同体的种种资源纳入囊中，把数量极大的暴力把持在手，以保证其能施行命令和维持所谓的秩序，设想下这会导致什么。对的，正是俾斯麦亲王倾向的王朝社会主义。

当他们知晓新兴社会系统下管制机构所拥有的权力是那般诱人之后（无疑，他们必然知晓这事，因为正是他们设计了这个系统），这些支持者应该叩问自己：这种权力要被用于何种目的？人们通常仅仅聚焦于物质富足和心智满足，聚焦于仁慈的管制机构为他们所做的这些，我们应该让他们稍微关注下这些所得所需付出的代价。官员并不能创造所需的物品，他们只能在个体之间分配这些物品，而物品来自个体之间的合作劳动。如果人们要求公共机构为其提供所需，那么相应的，公共机构也必然要求人们进行生产。新计划就和现存的体系一样，无法在雇主和雇员之间达成利益上的一致性——该计划排除了这种可能性。新计划取代先前这种雇佣关系的方法是由地方当局来命令工人生产，而工人也必须接受当局的任务分派。民主联盟的成员们看似无意，但实则明确指明了这种新的社会安排。因为他们提议生产工作要由“受国家控制的农业大军和工业大军”来承担，他们显然忽略了军队以科层制为先行条件，而对军队来说，遵守命令是第一要义，除此之外，别无他法来保证工作的秩序和效率。因此，管制机构和个体之间的关系也将会像主奴关系一般：

管制机构虽为主宰，但是该机构由个体和他人一同创制

并受其长久监督。因此该机构不会过多控制个体和他人，除非这种控制有益于每个人和所有人的利益。

对这种说法，我们的第一种反驳是，尽管如此，共同体的每个成员作为个体将会是共同体这个整体的奴隶。军事共同体常常展现出这层关系，即使这种军事共同体采用半民主制的政府形式。在古希腊，通行的原则是公民既不属于他自己，也不属于其家庭，而是属于他所在的城邦——城邦(city)于希腊人来说就等于共同体(community)。这条适用于频繁战争状态的信条，也被社会主义者并不自知地重新引入，引入纯粹生产性的状态之中。每个个体服务于其聚集而成的整体，针对每个个体的服务，当局只返还他们自认为合适的部分。所以即便管理当局是人们所希望的那般仁慈，但是该制度的结果还是奴隶制，尽管奴役程度比较轻微。

第二种回应是，管制当局将很快不再如人们所希望的那般仁慈，而奴役也不再轻微。社会主义者的玄想如同“务实的”政客的玄想一般，在预设上就有误。他们预设官僚制会如人们所希望的那般运作，然而从未如此。支持共有财产的组织机器和现存的社会机器一般，与现存的人性相适应。现存人性的缺陷将带来的恶果，既会出现在后者之中，也会出现在前者之中。权力欲、自私心、不公正、不真诚经常在相对短的时间内引领私人组织走向毁灭，其效果更是一代又一代地累积下来，也将不可避免地产生更为巨大而且更不可救药的恶果。而管理组织如此庞大、复杂，占尽所有资源，其一旦发展并加以巩固，就将无可逆转。如果我们需要证据来说明定期使用选举权也无法阻止组织的败坏，那么法国政府是为佳例。法国政府在起源时遵从纯粹的民主原则，在短时间内也服从民主的决断，然而不久之后就开始践踏公民自由，以至于最近参加工会总会的英格兰代表说：“法国是共和国的耻辱，也是共和国的畸形。”

最终结果会是专制统治的复兴。训练有素的文官大军，就如军事人员一般，赋予其头领以无上的权力。这种权力时常导致篡权现象，在中世纪的欧洲如此，在那时的日本更是常见，甚至在我们时代的周边国家也如是。最近德·莫帕先生[①]的坦陈就向我们表明，由全体人民选举出来而且得到信任的宪政领袖，在一些不择手段的同谋者的帮助下，如何轻而易举地颠覆代议机构，自封为独裁者。而在社会组织中汲汲攀爬权位的人，也会毫无愧疚地为达成目的而不择手段，我们也有理由做此推论。当我们看到铁路股东在建造铁路系统中输多赢少，就此也促进了国民财富的极大繁荣，然而民主联盟理事会却说他们“染指”交通运输业，由此我们可以推论，这些主导社会管理改革的人，以后在面对其治下诸多个体和群体的权利诉求之时，会如何颠倒是非。甚至，当我们发现这些理事会的成员在鼓动国家“以有偿购买或无偿征收的方式”来占有铁路时，我们也可以设想，在制定任何他们认为有必要的政策之时，这些理想社会的领袖们也很少会因为考虑到其不公平而止步，

① 德·莫帕(Charlemagne Èmile de Maupas，1818—1888)是一位法国律师和政治家。在雾月政变中，莫帕被路易·波拿巴任命为巴黎警察总长，他在政变中主张在巴黎城内部署军队以震慑不满者，并逮捕对政变最怀有敌意的人。此后当政期间，他持续打压反对者，将他们流放到非洲。他也增强了全法国各个镇警察局的权力，动用密探，压制言论。——译者

他们认为制定政策就是他们的无上权力。只需要对外与邻国一战或对内用暴力来镇压不满者，这些人的管理就会迅速转变为古代秘鲁那种可怖的独裁制。在古代秘鲁，大多数民众受到不同层级官僚的控制，过着在家中和在室外饱受监视的生活，为奴隶他们的组织劳作，只为自己保留可怜的维生所需。身份体制将以不同的方式完全复兴，身份体制是一种强制合作体系，是旧托利党所代表的腐朽传统，而新托利党正在把我们带回此种故道上。

“但是我们会警醒所有这些灾难，我们会采取预防措施来避开这些灾难。”积极分子无疑会如此辩解道。不管是推行新管理举措的“务实的”政客，还是计划重组劳工的共有财产的支持者，他们的回答总是如出一辙：“一些计划确实会因为未曾预见的原因、不利的偶然事故或者相关的错误而失败，然而这次我们会吸取过去的教训，也必定会成功！”尽管足够显而易见，但是人们仍不接受这个真理：社会福利和制度正义从根本上取决于社会成员的人性；如若人性不进步，则社会福利和制度正义也无法改善；而人性不改的原因在于沿用旧有的管理社会生活的办法来限制现今和平的生产社会。无论是社会主义者还是所谓的自由党（后者总是辛勤地为前者铺平道路），他们的信念不过是认为通过适当的措施，不良的人性会消解在良好的制度之中。这根本就是幻想！公民的人性缺陷将使得他们身处在任何社会结构中都会展现出恶劣的行径。从黑铅般的本性中练就黄金般的行为，这种政治炼金术根本不可能！

补充：在本文发表之时，社会主义者对此有两篇回应文章——H.M.海德曼的《社会主义与奴役》（“Socialism and Slavery”）以及

弗兰克·费尔曼(Frank Fairman)的《赫伯特·斯宾塞论社会主义》("Herbert Spencer on Socialism")。我对他们的回应此处仅限于此:正如通常敌对者所做的那样,他们把我未曾持有的观点归加于我。正如海德曼所说,不满社会主义并不必然支持既有体制。他所反对的许多事情我也并不赞同,然而他所认为的补救措施,我就持有异议。而那位以弗兰克·费尔曼为笔名发文的绅士,认为我对土地国有化不再以同情之心进行捍卫,反而退缩而去,他认为我在《社会静力学》中提倡过土地国有化,但是我没有意识到自己有任何他所说的那种改变。我以仁慈之心看待那些生活困难者的过错,这并不意味我可以容忍他们的一无是处。

立法者之罪

无论人类是否生而不平等或者生而有罪，政府无疑都诞生于受侵略之时，或者为了侵略而产生。在小型的不发达社会中，由于长期的和平，就没有我们所谓的政府的存在：这里没有暴力机构，如果有任何领导权的话，也仅仅是尊荣性质的。在这些特殊的社会中，没有侵略行为，出于特殊原因也没有被侵略的可能，人们也很少偏离真诚、诚实、公正和慷慨等美德。该社会除了通过非正式的长老聚会偶尔表达下公众意见（public opinion）之外，无须其他途径来表达。[①] 相反，有证据表明，战争之时领导权首次出现，然而却很短暂，随着战争的持续，首领的权威才被永远地固定下来；当侵略成功时，并且使得邻近部落臣服后，领导权渐渐增强。自此以后，所有族群的例子都证明以下的真理无可置疑：拥有强制性权力的首领会演变成国王，再演变成众王之王（这是古代东方的常见头衔），随着征服成为常态和被征服民族的增多，首领的权力也成比例地增长。[②] 比较研究也为我们揭示出这样一个更为深刻的真理：随着统治权力对外侵略性的增强，统治权力在社会内部的侵略

① Political Institutions, pp. 437, 573.

② Political Institutions, pp. 471-473.

性也得到增强。为了铸就一支高效的军队，不同层级的士兵必须服从于将军；同样，为了铸就一个战斗力十足的共同体，公民必须服从于统治权力。他们必须服满规定年限的兵役，上缴任何统治所需的财产。

所以，显而易见，政府伦理起先和战争伦理一致，两者也必将长期保持相似；唯有战争活动和战争参与减少时，政府伦理才能从战争伦理中分离出来。这点在日前有所展现。现今在欧陆，唯有在无须履行从军义务时，公民才有自由，而在余生的岁月中，他很大程度上受制于军事组织。甚至在我国，一场残酷的战争通过必要的征兵动员，就会使得大部分人丧失自由；而余下之人的自由也会受到侵犯，因为他们要纳税来提供任何必要的供给，这也迫使他们为国工作更多的时日。不可避免的是，为处理政府与公民之间关系而建立起来的行动准则必然有其影响力，当政府在处理其他关系和采取其他行动准则时，人们必然会援引这些准则。

在本文的论题下，我不打算讨论侵犯和对侵犯的报复，虽然这些构成了历史的大头；我也不计划追溯社会内部的不公——这种伴随着外部不公而来的内部不公。我更不想尝试在此枚举不负责任的立法者所犯下的罪行，比如说，从列举埃及法老胡夫的罪状开始，说明他的巨型陵墓奠基在数以万计的奴隶的劳作之上，奠基在他们数十年的受皮鞭驱赶的血汗劳作之上；接下来，我再细数那些侵略者，埃及人、波斯人、马其顿人、罗马人等所犯下的种种罪行；最后以拿破仑的罪过告终，在野心的驱使下，他践踏文明世界，造成不少于200万的生灵的牺牲。[①] 我并不希望在这里一一列出立

① Lanfrey，也见诸 *Study of Sociology*，p.42，and Appendix。

法者应负的罪责，列举他们出于统治阶级的利益而制定出的一长串法律。在我国，这长串列表就包括如下这些法律，在其保护下，奴隶制和奴隶贸易长期存在，每年折磨将近4万黑奴，在热带航行中，他们被紧紧地绑在一起，大比例地伤亡。这串列表也以《谷物法》告终，正如厄斯金·梅爵士[①]所言："为了保证高地租，《谷物法》让多数人忍饥挨饿。"[②]

确实，对于有责任的或无责任的立法者的明显错误行径，我们的揭露并非毫无用处。其有多种用途——其中一项用途与之前提及的真理相关，也就是政府伦理与军事伦理两者间的一致性。而在原始时期这种同构是为必需，那时，军队是动员起来的社会，而社会就是休息时期的军队；我们的揭露有助于表明为何这种形态贯穿于各个历史阶段，甚至今日仍在很大程度上影响着我们的法律制定和日常生活。举例来说，在许多原始部落，首领并没有司法职能，或者仅仅在名义上拥有司法职能；在欧洲文明的早期阶段，人们普遍不得不尽自己所能来保护自己，并且纠正自身的错行；在中世纪，在军事组织内部，个体成员之间的私斗权利虽然被禁止，但这不是因为首领自认为有裁决权，而是因为私斗会干扰军队在公共作战中的战斗效率；此后的司法管理仍然展现出大量的原始本性，国王或其代表主持下的决斗审判正是一例，在我国，这种审

① 托马斯·厄尔金·梅（Thomas Erskine May，1815—1886），也即第一代法恩伯勒男爵，是英国的宪法理论学家和下议院秘书，其著作《论议会的法律、特权、议程和惯例》（*A Treatise upon Law，Privileges，Proceedings and Usage of Parliament*）最负盛名。——译者

② *Constitutional History of England*，ii. p.617.

判方式直到1819年仍旧是名义上可供选择的审判方式。我们还需要指出，甚至时至今日，决斗审判不过是以另一种形式留存下来：律师就是斗士，钱包就是武器。在公共案件中，就纠正受害者所遭遇的不公而言，管制机构相较于以前并没有给予更多的关注，相反，实际上，管制机构不过就是在强化争斗的规则：结果与其说是公正问题，不如说是花费大小和辩论技巧的问题。管制机构对维系正义关注甚少，当法律争端被提交到管制机构面前时，诉讼双方总是在消耗钱财，以至于倾家荡产；当一方提起上诉后，裁决会翻转，此时失败方要为先前机构的错误裁决，或是当前机构的错误翻案买单；在离开法庭时，原本寻求保护和赔偿的冤屈者已经耗尽钱财，这种情况并不罕见。对政府不当行为中的过度作为和缺乏作为，我们已经做过描述，这些描述证明那些起源于也适应于战争状态的伦理规则也被部分保存下来，仍旧对政府行动有恶劣影响。如此这般也可能极大地浇灭那些迫切呼吁扩大政府管制之人的希望。由长期军事活动所形塑而成的原始政治结构，其特征依然明显留存下来，与之相伴的原始原则也仍然幸存下来，观察到这点之后，改革者和慈善家可能会对全能机构所能带来的好处更加不抱期望，而可能对非管制类型的机构更加信任。

然而，针对本文题目所涉及的庞大话题，我暂且搁置其中的一大部分，在此仅仅处理余下相对较小的部分，也即立法者那些特定的罪行。这些罪行并非源自其个人的野心或阶级的利益，而是源于研究的匮乏，而立法者在道德上本应该自备这种研究能力。

一位药剂师的助手听完病人的描述后，将盲肠炎造成的疼痛误诊为由疝气造成的，从而开出急性泻药，并且导致患者死亡，他会被视为过失杀人。他并不能为自己的罪责开脱，解释说自己的意图不是伤害而是治疗。他说自己在诊断时仅仅犯了一个错误，但是人们无法接受这种说法。他被告知说，他并没有权利冒极大风险去介入他知识储备所如此不足的领域。对自身无知何其之大，他竟如此没有意识，这点事实在法庭审判时并不会被接受。我们默认所有人都享有的常识会教导他说，即使是学艺精湛的医师，也会在确诊病人病情和采取治疗措施时出错，更别说那些学艺不精的医师了；正因为无视常识的警告，他对自己造成的恶果负有责任。

然而在评估立法者对其所犯错行应负的责任之时，我们却过于宽容。大多数情况下，他们出于无知制定法令而造成的恶果，我们却很少认为他们应当受到惩罚，很少考虑他们应当受到谴责。人们认为常识应该教会那个训练不足的药剂师助手不应看诊；但是人们不认为常识应该告知立法者唯有受训，才能立法。尽管展现在他面前的诸多事实，那些发生在我国和别国立法中的诸多事实，本应该使得他形成深刻的印象，使得他认识到错误举措所造成的巨大恶果，但是就无视这些针对粗鲁干预的警告而言，他并没有遭受人们的谴责。相反，他可能刚从学院毕业，可能因为饲养一群猎狗而闻名全国，可能在小镇上获得一笔财富后冒头，可能以鼓吹者之名而起于酒吧，凡此种种都会使得人们认为他值得加入议会；一经入职，他立刻就开始以无所顾忌的心态，支持或者阻碍各项作用于政治体之上的措施。在这种情况下，甚至没有时间让他制造托词，以说明他不知道自己多么无知；因为公众在大体上与他一样，都认为他只需要知道那些被提议的措施而引起的争论，除此之外，他无须知晓其他。

未经指导的立法行径造就了诸多危害，此些危害的数量之大足以比肩那些未经指导的医疗救治所造成的危害，我们只要扫视一下历史，对此就显而易见。当我老调重弹时，希望读者也能原谅我。

一个又一个世纪以来，政治家们持续制定有关高利贷的法律，这使得债务人的境遇越发悲惨：在路易十五时期，"原本想要将利率降为 4%，实际却使之从 5%升到了 6%"[1]，以此，间接产生了诸多意想不到的后果，比如阻碍了闲置资本投入再生产，同时"使得小业主承担起大量的永久性负担"[2]。同样的，那些禁止囤积居奇的努力在英格兰持续了 500 年，而在法国，这种努力正如阿瑟·杨[3]所言，"禁止人们在市场上购买超过两蒲式耳的小麦"[4]，这些努力一代又一代地延续下来，造就了匮乏，因而增加了苦难和死亡。《面包法》(De Pistoribus)曾把面包商谴责为"公然压迫穷人的人"[5]，但是现在众所周知，这些批发商的功能不过是通过抑制过快消费来平衡商品供应。还有一些措施也基于同样的原理，在 1315 年，为了减轻饥荒的压力，当局限定食物价格，但是很快就取

① Lecky, *Rationalism*, ii. 293-294.

② De Tocqueville, *The State of Society in France Before the Revolution*, p. 421.

③ 阿瑟·杨(Arthur Young，1741—1820)是一位英格兰社会观察家和作家，作品涉及农业、政治经济学和社会统计。杨曾经游走于英格兰、威尔士、爱尔兰和法国各地，撰写观察游记和分析报告。在法国大革命期间，杨遍历了革命发生的村庄，描绘了千钧一发之际的民情和社会风貌，出版有《法国游记》(*Travels in France*)。——译者

④ Young's *Travels*, i. 128-129.

⑤ Craik's *History of British Commerce*, i. 134.

消该措施，因为其造成市场上各种食物消失殆尽。类似的措施还在持续运作，诸如管理者还在限定食品供应商的“合理获益”[①]。许多限定工资的努力也基于同种精神，造成了同样危害，这些限定工资的努力肇始于爱德华三世治下有关劳动者的法令，这些法规直至60年前才被废除。当局长期刺激斯皮塔佛德地区衰败的丝织产业，并且养育了那里的贫困人口，最终上下两院还是放弃了通过地方治安官对丝织工的工资做出限定。[②]

此时，我相信有人会没有耐心地打断我，说：“这些我们都知道，这个故事太陈旧了。干预贸易会造成危害——这种言论总是在我们耳边回荡，我们已经厌烦了。没有人需要再被重新说教这点了！”对此，我的第一条答复是，大多数人根本没有正确认识到这个教训，而那些知晓者也大都已忘记了该教训。因为那些为推行禁令而提出的托词，现在又再次被提出。爱德华三世时期的第35条法令试图降低鲱鱼的价格，然而很快因为引发涨价而被撤回，人们抱怨说大家“来到市场为鲱鱼讨价还价，每个人都怀带恶意和妒忌，相互抬价；如果有人出价40先令，另一个人会加价10先令，而第三个人就会出价60先令，所以每个人都会在出价时超过他人”[③]。那时人们谴责“市场里的讨价还价”，并将之归因于“恶意和妒忌”，现在人们又开始再次谴责这种行为。谴责竞争的恶果是社会改革者的保留曲目，民主联盟委员会反对人们出于“个体贪欲和利益”而进行商品交换。我的第二条回答则是，上一代人经常认

① Craik's *History of British Commerce*, i. 136-137.

② 参看第13页脚注①。——译者

③ Craik's *History of British Commerce*, i. 137.

为干预供求法则十分有害，但是现在这种干预每天都在发生，议会法案每天都在干预新的领域。现在我将指出，对这些领域的干预增加了许多留待治愈的恶果，又促生了许多新的恶果。而也正如它们过去的所作所为，虽然现在它们已经不再涉足那些领域。

让我们从这段插入的话题中回归正题，我将继续解释上述的法令以提醒读者，提醒他们那些未经指导的立法者过去在努力减轻人们的苦难之时，反而持续造就了更多的苦难。这些恶果由立法所造就与加剧，如果其增长十倍甚至更多倍，那么对这种未经社会科学指导的立法所造成的极大危害，人们就会形成明确的认识；对此，我将加以补充说明。在 1873 年 5 月统计学会宣读的一篇论文中，法律学会的副主席詹森先生（Janson）指明，从《莫顿法》（The Statute of Merton）出台（亨利三世的第 20 条法令）到 1872 年末，我们总共通过了 18 110 条公共法令，他估计其中的五分之四被完全或被部分废除。他又指出 1870—1872 年这三年间，共有 3532 条公共法令被全部或者部分废除和修订，其中 2759 条被完全废除。为了考察这种废除趋势是否在持续，我查阅了每年出版的《公共普通法》（*The Public General Statues*）中的最新三期。在这三期中，暂且不论那些大量被修订的法令，在“当前治下的法律”这个条目之下，就有多达 650 条被分别或被一同废除，此外还有些之前通过的法律被废除。毫无疑问，这大大超过了平均水平，因为近来我们对法律汇编进行了一次积极清查。经过综合考量，不难推断我们这个时代废除的法令应该超过千项。无疑，其中有些法令是过时的法令，而另一些是因为环境改变而被废除（然而只要认识到许多法令是最近才出台的，那么环境改变也就不会是主要

原因);其他的法令仅仅因为无法执行而被废除;还有些是为了将诸多法令合并为单一法案而遭废除。然而无可置疑的是在这诸多例子中,有些法令被证明有害而遭废除。我们轻巧地讨论这些变化,对这种法令的废除实则保持冷漠。我们遗忘了在法令废除之前,它们通常或多或少地造成了恼人的恶果,有的恶果持续了若干年,有的持续数十年,而有的甚至影响数百年。把你对恶法的模糊概念转变为清晰概念吧!这些恶法实际上在影响人们的生活,你会发现它带来了如此之多的痛苦,如此之多的病害,如此之多的死亡。例如,罪恶的法律程序或被公开践行或被默默忍受,都会造成起诉人的金钱损失、时间延误和法庭败诉。这些意味着什么?意味着他们辛苦节省下来的金钱遭受损失,严重而且长期的焦虑,经常遭受病痛,家庭和亲属陷入不幸,孩子缺衣少食。所有这些苦难又将给他们带来更多长期的痛苦。此外,更多的情况则是人们缺少手段或者勇气去提起诉讼,他们将忍受欺诈,陷入穷困,也将遭受随之而来的身体上和心智上的痛苦。就连我们说某条法律不过是种阻碍,也意味着该法律会造成不必要的时间的损失、额外的麻烦和多余的焦虑,而对那些负担过重的人来说,额外的麻烦和焦虑意味着,他们随时随地都要承受间接的或者直接的困难,以至于健康崩溃。见识到这些罪恶的立法对人们健康的伤害,我们足以判断在这些数以千计被废除的议会立法背后,是多么难以计数的心智受损、生理痛苦和死亡增长啊!为了帮助大家完全认清这条真理,也即未经有效知识加以指导的立法会带来多么巨大的罪恶,就让我举一个特殊的例子,一个现今不断被提及的例子。

我已经暗示过，那些对供求关系的干预行径，因为数个世纪以来在特定领域造成了巨大危害，已经被人们在这些领域废弃，但是现在人们又在其他领域开始干预。唯有忽视供求关系所造成的恶果证明这种关系存在之时，人们才会遵从此等关系：人们对这种关系的信念是多么薄弱啊！人们从未怀疑过，在供求关系失效之处，其实是人为的干预破坏了自然的因果关系。在我现在提及的这个例子中，在这个为穷人提供住房的例子中，我们需要追问哪条法律在过去长期起作用，需要看到人们所抱怨的可怕恶果也多出于这种立法。

一代人之前，人们就有关于工业区住房不足和条件恶劣的讨论，我曾经有机会涉及这个问题，并著述有以下段落：

> 据一位建筑师兼鉴定员描述，新的《建筑法案》(The Building Act)在以下情境中生效。伦敦某些地区低质房屋残破不堪，新《建筑法案》则试图改善此种住房条件。在新《建筑法案》通过之前，这些房屋的租金处于平均水平，并带给业主足够多的利润回报，足以覆盖业主们建房时筹措的资金。然而既存的平均租金限定了这些地区新建房屋的租金。这些新房与旧房住宅条件相同，有相同的房间数，但是这些房屋的目标人群并不在意这些新房因为钢筋加固而带来的更好的安全条件。因此，现今的结果就是，根据现有规定修建起来的房屋，按照现有租金收费，难以收回合理的回报。由此，建筑商只会在那些更有利可图的地区建房，在这些地区，新建房屋在与既存房屋的竞争中仍有可能获利，这表明那些既存房屋也

相对坚固。这些建筑商已不再为大众建房，除非在郊区，因为那里没有迫切的卫生威胁。同时，上述那些破败的地区则越发拥挤，六个家庭挤在一间屋子里，十二个住户挤在一个房间里。不止如此，因为缺乏来自新房的竞争，那些贫困住户的房屋陷入悲惨的衰败中。业主发现他们的租客没有被更好的住宿条件吸引走。业主也无须修缮房屋，这对于保证巨大利润来说并无必要……事实上，那些诸多耸人听闻的情况，那些改革卫生条件的鼓吹者尝试通过法律来解决的情况，其由来我们还真不得不感谢这支干涉学派，感谢该学派的先前鼓吹者造就了这些耸人听闻的恶果。

——《社会静力学》，第 384 页(1851 年版)

造成这些恶果的原因不仅仅是立法。该书接下来的章节介绍了更多的原因：

在废除砖头税之前，《建筑商》(*Builder*)中写道："据信，在每周 2 先令 6 便士或者 3 先令的房租中，四分之一是土地证的费用和对建筑木材或者砖头所征的税收。当然，该地产的业主要求盈利，所以他每周拿走 7.5 便士或 9 便士以覆盖上述费用。"劳动阶级住房改善协会的秘书，格里夫(C. Gatliff)先生如此介绍窗户税的效果："他们(业主)现在为自己在圣潘克拉斯(St. Pancras)的机构物业支付了 162 镑 16 先令的窗户税，这高达他们原先年度支出的 1%。该协会的租户的平均租金是每周 5 先令 6 便士，其中窗户税就占 7.25

便士。”(《泰晤士报》,1850 年 1 月 31 日)

——《社会静力学》,第 385 页(1851 年版)

这还没有涵盖媒体那时候的所有报道。1850 年 12 月 7 日的《泰晤士报》刊登了一封来自改革协会(The Reform Club)的信件,作者署名为“建筑师”,这篇文章太新以至于我无法在上述作品中引用——毕竟我的《社会静力学》出版于 1850 年的最后一周。该信如下:

> 昨天,贵报刊登了金奈尔德勋爵[1]的建议,他建议通过将两到三栋房屋合并为一栋来作为样板公寓。
>
> 请容许我对勋爵回以建议,以及对他所提及的朋友阿什利勋爵(Lord Ashley)[2]回以建议,如果:
>
> 1. 废除窗户税;
>
> 2. 撤回新的《建筑法案》(除开规定界墙和外墙需加防火层的条款);
>
> 3. 平摊或者废除木材税;
>
> 4. 出台推动财产转让的法案。
>
> 这时就像不需要样板船、样板纱厂和样板蒸汽引擎一样,

① 此处的金奈尔德勋爵可能是阿瑟·金奈尔德(Arthur Fitzgerald Kinnaird,1814—1887),也即第十代金奈尔德勋爵。1852—1878 年就任英国下议院辉格党议员,他是帕默斯顿勋爵的狂热支持者,以至于被称为“帕默斯顿的影子”。——译者

② 此处的阿什利勋爵可能是安东尼·阿什利-库伯(Anthony Ashley-Cooper,1831—1886),也即第八代沙夫茨伯里伯爵,曾任英国下议院议员。——译者

也不再需要样板公寓了。

第一条中的窗户税限定穷人家的窗户不得超过 7 扇。

第二条中的新《建筑法案》则限定穷人家的面积为 25 英尺长、18 英尺宽(这等于一个绅士家的餐厅)。建筑商不得不将楼梯、入口、客厅和厨房都挤入这狭小的空间中,这里面还包括外墙和隔墙。

第三条木材税则导致建筑商在为穷人建设房屋时,使用无法满足建筑要求的木材,因为来自波罗的海的优质木材的税费是来自加拿大的劣质木材和有害木材的 15 倍。

第四条中的阻碍财产转让会对现在穷人住房的悲惨条件有巨大影响。小型不动产所有权的转让应该像租赁一样方便。房屋租赁直接导致了房屋条件的恶化。

为了防止我的言论可能出错或者过于夸张,我采取保险措施,咨询了福里斯特(C. Forrest)先生,他是一位拥有 40 年经验的(伦敦)东区大型建筑商和承包商,他本人住在贝斯纳绿地的维多利亚公园广场 17 号的博物馆工作室里。他是教会执事、教区委员会成员和济贫委员会委员,他对管理地方公共事务和从事建筑生意有很深的了解。福里斯特先生已经授权我使用他的名头来证实上述言论,当然他特别强调自己对一点有所保留。他说那位“建筑师”低估了这些“四等房屋”所造成的恶果,因为原有参数远低于他所给出的参数,然而可能与最新的《建筑法案》所提供的参数相一致。不止于此,福里斯特先生还说明了地租暴涨的恶果,一栋四等房屋的地租在 60 年内从 1 英镑涨到了 8 英镑 10 先令,暴涨与其他因素加在一起，使得他放弃了原本想要建造工业住宅的计划。他更是赞同“建筑师”的观点，认为土地转让的困难极大地加剧了这种恶果，既定法律系统中委托和继承的规定造就了土地转让的困难。他还指出，建造小型房屋的进一步困难是要忍受额外的地方税费，他称之为“昂贵的摊派”。他举了一个例子，就是每栋新房的成本不得不加上人行道、车道和下水道的费用，这些费用依据前庭的长度来确定，这也导致其占比在小型房屋的价格中比在大型房屋的价格中来得更大。

一代人之前，那些由法律造成的危害极为巨大，至今仍在持续增长，现在让我们转头再来考察近期法律所造成的危害。由于人为阻碍四等房屋的增加，贫民窟的不幸、疾病和死亡持续恶化，而住房也变得更加拥挤，这成为一大丑闻，民众也请求政府消除此惨剧。政府以《工匠住宅法令》(The Artisans' Dwellings Acts)来应对，它给予地方当局推倒破旧房屋以新建优质房屋的权力。结果如何呢？1883 年 12 月 21 日，都市工程委员会的工作总结表明：直到 9 月份，这项法令花费了 125 万人的税款，摧毁了 21 000 人的房屋，为 12 000 人提供了新屋。自此，差额中的 9000 人本应有家，现却无家可归。然而这并非全部。另一个地方管理部门，也即城市下水道委员会，也在做相同的工作，它在立法的强制要求下，在黄金大道和衬裙广场推倒大量破败的小型房屋，这些房屋总共可以容纳 1734 名穷人。这些五年前被清理出的土地中，有一块土地被国家当局出售，成为火车站；而另一块则被用于建造工业住宅区，这住宅最终只容纳了原先被驱逐人口中的半数。直到现在，之前都市工程委员会所遣散的那些人，加上这些五年前被遣散的

1734人，总共接近11 000人在人为的干预下无家可归，这些无家可归者不得不在街角那些恶劣的地方安身，而这些地方早已人满为患！我们眼见这些法令的所作所为。通过强制征税，抬高砖头和木材的价格，这些法令增加了房屋的建造成本；这也迫使人们出于成本考量，大量使用劣质的原材料。为了阻止这些低质量房屋的建造，法令又以中世纪的方式规定了新建房屋的质量；而高质和高价将抑制需求最终降低供给，他们则毫无概念。通过增加额外的地方税费，法令进一步阻碍了小型房屋的建造。最终，通过这一系列措施，法令首先促成了劣质房屋的增加，而造成优质房屋的匮乏。这些法令为那些因为人为干预而日渐过载的贫困人口所提供的，不过是越发缩减的住房数量，何况这些房屋早已不能完全容纳他们！

谁应该为东区的不幸担负责任？“伦敦被遗弃者的痛苦抗议”应该针对谁？

德国人类学家巴斯蒂安[1]告诉我们，几内亚的患病土著如果碰倒圣物而没有复原，就将被扼死。[2] 我们可以合理推断，在几内

① 阿道夫·巴斯蒂安(Adolf Philipp Wilhelm Bastian，1826—1905)是19世纪德国著名的人类学家和民族学家，促进了人类学和民族学的学科建制化。在维尔茨堡大学就读时期，巴斯蒂安受到了鲁道夫·菲尔绍(Rudolf Virchow)的影响，开始对民族学和民族志产生兴趣。毕业后，巴斯蒂安作为随船医生周游世界，在1859年回国后，写就《在历史中的人类》(*Man in History*)一书。而后，他又协同菲尔绍组织了柏林人类学、人种学和史前史学会，随后更成为柏林人种学博物馆的组织者和首任主任，弗兰茨·博厄斯(Franz Boas)也在此追随过他的工作。1870年后，巴斯蒂安再度环游世界，广泛考察非洲和美洲等地，最终于1905年死于考察途中。——译者

② Mensch，iii.，p.225.

亚人之中，有谁胆敢质疑圣物的力量，就将会很快被献祭。在那些管制权威通过强力措施而得到增强的年代，对政治圣物表达出不敬也有危险。现在，谁要是敢质疑政治圣物的全能性，那么可见的最坏惩罚就是他会被诋毁成反动派——那鼓吹自由放任的反动派。他提出的事实将明显削弱既有的信仰，然而这种情况不可能发生，因为我们每日都被教导说这种信仰足以抵御所有相反的证据。就让我们考虑下那被忽视的众多事实中的一小部分。

“政府机关像一个倒转的过滤器，你将干净的东西倒进去，出来的却是肮脏之物。”这是我多年以前从现已故去的查尔斯·福克斯爵士[①]那里听来的比喻，他因为履行公务而对公共部门颇有了解。他的观点并非仅限于此，虽然这个比喻人尽皆知。通过公共媒体和议会中批评者的曝光，没有人会对官僚恶习未有耳闻。人们经常抱怨他们的拖延，这种拖延曾经被福克斯·毛勒先生[②]如此形容：“军队中军官的津贴”通常“被拖欠两年”。较新的例子则是，在信息收集完成的两年之后，1881 年详细的人口调查的第一卷才出版。如果我们为这种拖延寻求解释，那么我们会发现原因之一是难以置信的混乱。在人口调查的反馈中，户籍主管告诉我们“困难不仅仅在于需要考虑许多不同的地区，而且更使人困惑

① 此处的查尔斯·福克斯(Charles Fox，1810—1874)并非英国 18 世纪著名的辉格党政治家，而是一位英国铁路工程师和承包商。他曾经是斯宾塞父亲乔治·斯宾塞的学生，在斯宾塞早年进入铁路行业后成为斯宾塞的上级和朋友。他在英国铁路建设大潮中参与了多条著名铁路和路桥的建造工作，1851 年英国万国博览会的主体建筑水晶宫也由其承包建设。——译者

② 福克斯·毛勒-拉姆塞(Fox Maule-Ramsay)，也即第十一代达尔豪斯伯爵。1846—1852 年，拉姆塞就任英国政府中的战争秘书(Secretary at War)，负责军队组织和管理事务。——译者

的是这些地区划界的复杂情况”：39 000 个行政区域以 22 种不同形态出现，相互交叠——百户邑（hundreds）、教区（parishes）、自治市镇（boroughs）、选举区（wards）、小型治安区（petty sessional divisions）、代理行政区（lieutenancy divisions）、乡镇卫生区（urban and rural sanitary districts）、主教区（dioceses）、登记区（registration districts）等等。正如议员拉斯伯恩（Rathbone）先生所指出[①]，这些重叠的区域有交错的边界，来自不同管理单位的权力深入到彼此的地盘上。有人追问为何每次为了新增管理，议会就会建立一系列新的部门，回答是：为了保证措施的一以贯之。这种混乱与政府每年在旧法堆上新加的百条新法所造成的混乱完全一致，新条款总是以各种方式反对和限定那些它们要取代的旧条款，而解释法条的重任则留给个人，他们也为解释法条付出了巨资。这个体系将一个区域网络套在另一个区域网络之上，它们之间的权威更是相互冲突。1872 年《公共卫生法》推行的举措与之如出一辙。如果有人想知道何种权力在控制他，他将要从许多汇编和大量材料中查阅出 26 条先前的法律。[②] 行政惰性亦然。

经常有官僚主义抵制改进的情况发生，正如针对海军部，有人提议使用电报系统，得到的回应却是“我们已有良好的旗语系统”。针对邮政系统，几年前已经故去的查尔斯·西门子爵士[③]曾明言，

① *The Nineteenth Century*, February, 1883.

② “The Statistics of Legislation”, By F. H. Janson, Esq., F. L. S., Vice-president of the the incorporated Law Society.

③ 查尔斯·威廉·西门子（Charles William Siemens，1823—1883），原名为卡尔·威廉·西门子（Karl Wilhelm Siemens），是一位德裔英国工程师和发明家，对钢铁业和电报业的发展有重要贡献，其公司推动建造了第一条直接连接英美的电缆。——译者

该系统阻碍人们应用改进的电报技术；而后邮政系统又阻碍人们使用电话。工业住宅区的情况也是如此，有时国家一手制造恶果，而另一手又试图减少此种恶果。正如它一方面收取火灾保险税，并为人们更好地摆脱火灾威胁做出规定，另一方面它又强令人们建造特定样式的建筑，而正如肖队长[①]所言，反而增加了额外的危险性[②]。官僚的日常行径如此荒谬，在该放松时抓紧，在该抓紧时放松，有时如此显眼以至于制造出丑闻。一次，一份重要的国家机密文件，被交付到收入微薄的复印员手头，他甚至不是政府的长期雇员，随后，他将此文件公之于众。再如对于制作莫逊引信(Moorsom fuse)的工艺，我们最高阶的炮兵官员都不得而知，俄国人却被允许学习该工艺，而炮兵官员通过俄国人才知晓有这份工艺。此外，一张标明我国巨炮射程的示意图(在此射程内巨炮可穿透英格兰及国外生产的钢板)，被一名大胆的使馆随从泄漏给自家政府，随后"全欧洲国家"都知晓此图，而我国官员还被蒙在鼓里。[③] 国家监管亦然。通过监察来保证白银质量被证明多此一举，相反，白银交易还因此减少。[④] 在另一些例子中，国家监管设定了一个不可能超越的标准，这反而降低了质量：科克的黄油市场正是如此，高质量的黄油反而处于不利地位，因为它们的好名声无

① 艾尔·梅西·肖(Eyre Massey Shaw)是英国大都会消防局(The Metropolitan Fire Brigade，现为伦敦消防局)的首任长官。在1861—1891年，他负责监管大都会消防局的前身——伦敦消防车公司。肖掌控大都会消防局期间，引入了现代消防手段，并增加了消防站的数量。——译者

② *Fire Surveys; or, a Summary of the Principles to Be Observed in Estimating the Risk of Buildings*.

③ 参见 *Times*, October 6, 1874，此处还有更多例子。

④ *The State in Its Relation to Trade*, by Sir Thomas Farrer, p. 147.

法带来合适的利润。[1] 又如鲱鱼品牌的案例(现在已非如此),人们将许多低质量的刚达到官方标准的熏鱼与少数高质量的超过标准的放在一起,以至于打击了后者。然而人们没有吸取这些教训。尽管监管的失败如此明显,但是没有人对此稍加留意。一辆满载乘客的火车在泰河铁路桥上倾覆,无数大声的不留情面的斥责涌向工程师和承包商,但是很少有人指责主持国家验收的政府官员。疾病防护亦然。人们不在乎在国家机构的管理和命令之下,一些最为糟糕的恶果发生。诸如,87 位士兵的妻儿的生命消失在阿克宁顿号(Accrington)上[2];又如在爱丁堡,政府主导的排水系统散播了伤寒和白喉[3];再如,官方强制建立的卫生体系总是失效,并增加了他们原本要消除的恶果[4]。但是如此众多的证据丝毫不能打击人们的自信满满——他们呼吁卫生监管时的自信满满。这种呼吁甚至比以前更为强烈,就像最近有建议说要把所有公共学校纳入到卫生官员的监管中。尽管国家已经明显造成令人不满的危害,但是人们依然相信它是一个仁慈的机构,这种信仰根本毫无衰退。正如我们所见,一代人之前,市镇当局被授权或者被要求建立

① *The State in Its Relation to Trade*, by Sir Thomas Farrer, p.149.

② Hansard, Vol. clvi., p.718, and Vol. clcii., p.4464.

③ 1876 年 1 月 17 日的《泰晤士报》刊登了一封来自爱丁堡某位医学博士的信,信中提供了更多证据。其中,就有一则我先前引述过的发生在温莎的例子。在温莎正如在爱丁堡,无排水系统的区域绝无伤寒症发生,而在有排水系统的区域则发生非常致命的伤寒症。*Study of Sociology*, chap. i., notes.

④ 基于自身的部分经验,我才会这么论断。现在,我手头有本 25 年前的备忘录,里面有我基于个人观察得出的类似结论。最近,理查德·克罗斯爵士(Sir Richard Cross)在《十九世纪》(*Nineteenth Century*)中也证实了该结论。

下水道系统,引导污水排入河流,从而污染了水源地。人们开始公然谴责水务公司污染他们的水源,市镇被迫花费巨资革新它们的下水道系统,而后人们的谴责依然不减。现今,唯一的拯救措施就是要求国家通过其地方代理机构承担起所有事务。一如工业住宅区的例子一样,国家的错行成为要求其接管更多的原因。

确实,从某方面来说,我暗自进行比较后发现,对立法的崇拜并不比对圣物的崇拜显得更为合理。原始人会辩护说,他的圣物并不显现,而不会承认圣物的无能。文明人却坚持亲手为其崇拜物赋予权能,而这等权能是其崇拜物原先在某种程度上所并不具有的。我并非仅仅想要说明,日常争论告诫我们立法措施总是带来恶果而非益处;也非仅仅想要指出,数千条议会立法的出台来废除先前立法,这正是默认了立法的失败。我也不仅仅只是提及济贫法委员会的委员们在报告中半官方的认错,他们说:"我们发现,一方面那些管理公共救济的立法,很少可以达到其设计之初的效果;相反,大部分立法造成新的罪恶,加重了那些它们原本想要保护的人们的困境。"[1]我还要点明那些政治家和国家部门所承认的错误。举例来说,格莱斯顿先生曾收到过一篇纪要,随后在已故的利特尔顿勋爵[2]以主席身份主持的一次十分重要的会议上,这篇纪要也被采用,上面记述道:

① Nocholl's *History of English Poor Law*, ii., p.252.

② 乔治·威廉·利特尔顿(George William Lyttelton,1817—1876),也即第四代利特尔顿男爵,英国保守党政治家,其与格莱斯顿是连襟关系。——译者

> 我们这些署名者，贵族、下议院议员、纳税人和大都会居民都强烈感觉到您（格莱斯顿）1866 年在下议院的讲话中所蕴含的真理和力量。您说："我们有关公共工程的整个制度都还处于可悲可叹的境地——摇摆不明、情况不定、造价昂贵、风格奢侈、质量低劣等，所有一切能细数出来的恼人恶果都与我们的现存体系有关。"①

再有，贸易委员会 1883 年 11 月的会议记录提供了又一个例子，会议记述道，"自从 1836 年海难委员会成立以来，没有一次会议不通过一些法令和措施来督促立法机关和政府机关去实现避免船只失事这个目标；1854 年，诸多法规被合并为一条法令，而这也再次成为一桩受人谴责的丑闻"，因为每一项举措的通过都源于之前措施的失败。现今，人们不得不承认"自从 1876 年以来，生命和船只损失相较于以前更为巨大"②，同时管理成本也由每年 17 000 英镑增长到 73 000 英镑。

令人惊讶的是，尽管拥有良好的知识，人们的想象力仍然总被人为的干预以特定的方式激发。遍观人类的历史，皆是如此，从原始人用来吓唬对手的盛装，到宗教仪式和皇家游行，再到演讲者的礼袍和身着正装的引导员的指挥棒。我记得有个孩子在面对一个

① 《泰晤士报》，1863 年 3 月 31 日。

② 其中一些我在先前书和文章中有所提及，可参见 *Social Statics*（1851）、"Over Legislation"（1853）、"Representative Government"（1857）、"Specialized Administration"（1871）、*Study of Sociology*（1873）和"Postscript to Ditto"（1880）；此外，还有一些小文章。

被拿在手上的骇人的苍白面具时，能保持相当的镇定，然而当他的父亲戴上这个面具后，他就马上尖叫着跑开了。当选区的议员从自治市镇和郡高升到立法会的大厅后，选民对他们的态度就完全转变了。当他们还是候选人的时候，他们被这个党或那个党嘲笑、讽刺和“诘问”，以种种方式被人们完全不屑地加以对待。但是只要他们在威斯敏斯特聚集后，这些在过去被媒体和各方倾倒各式嘲笑和谩骂的人，这些被指责为无能和笨蛋的人，马上就会激起人们的无限崇敬。从有求于他们的人看来，几乎没有他们的智慧和权力所不能处理的事务。

无疑，没有比“集体智慧”(collective wisdom)的指导更能用来解释这些现象的了——举国选出一些人，从中再选出更少的一部分人来领导这些人，这极少数人受到当代所有知识的启蒙，我们也给予他们最好的权力去处理眼前的事务。“你还能指望什么呢？”，这是大多数人会问的问题。

我的回答是，这些所谓当代最好的知识，这些据说能为立法者履行其职能而提供准备的知识，其中大部分都是明显无关紧要的知识，而且我们应该责备他们并没有掌握相关的知识。他们所擅长的语言学知识丝毫无助于他们做出决策，他们所学到的文学知识也并无助益。他们从古代的小型社会那里得来的政治经验和猜想，这些通过哲学家得到的知识（这些哲学家假设战争是常态，奴隶制必需且正当，而妇女永远处于附属地位），只能在极小程度上帮助他们判断议会法案如何在大型的现代国家之中运作。他们考量所有伟大人物的行为,因为根据卡莱尔[①]的理论,伟大人物形塑了社会。他们花费数年时间阅读对国际冲突、背叛、密谋和缔约所进行的描述,这些情节充斥在历史作品之中。但是,他们丝毫没有就此增进自己对社会结构和社会行动的理解,丝毫没有对两者的运作方式和运作原因以及法律对其产生作用的方式有所理解。他们也未曾从工厂、交易所或者法院收集来这样的信息,使之远超必要的储备。

他们真正需要的是对自然因果关系的系统学习,学习那些在人类社会集聚中展现出来的自然因果规律。对因果规律有明确意识是智能发展所带来的最终特征:原始人连简单的力学动因都无法理解;希腊人则认为矛的飞行由神所指引;从那时到现在,人们通常都认为传染病有超自然的原因;针对社会现象这种最为复杂的现象来说,人们也长期未能认识到其中的因果关系;尽管如此,然而在我们的时代,这种因果关系的存在已经足够明显,这也迫使所有人在对其进行干涉之前,要努力弄清这些关系。人们现在仅仅对以下事实足够熟悉:出生数、死亡数和结婚数与玉米价格有关;在同一社会的同一代人中,犯罪率只在狭小区间内波动,但是这些足以使得所有人认识到人类的欲望有近乎一致的运作,这些

① 托马斯·卡莱尔(Thomas Carlyle,1795—1881)是英国维多利亚时期著名的文人,作品涉及历史、哲学、翻译、数学、政治讽刺等等。他著有《论英雄、英雄崇拜和历史上的英雄业绩》(*On Heroes, Hero-Worship, and The Heroic in History*)一书,中文版见周祖达译,商务印书馆2005年版。在这本书中,卡莱尔认为"伟大人物"(great man)的行动在历史中起重要作用,认为"世界历史不过是伟大人物的传记"。卡莱尔还出版过《法国大革命:一部历史》(*The French Revolution: A History*),这部历史研究也成为后来狄更斯写作《双城记》的重要素材。——译者

欲望指导了人们的理解力，并与理解力一同运作。我们应该得出推论：在诸多社会原因之中，那些立法激发的原因，也会和普遍规律一样起作用，不仅仅改变人们的行为，还变更他们的人性——这种改变很可能以无意的方式进行。我们必须认清，相较于其他的因果关系，社会的因果关系更是一种能带来多重结果的关系；我们必须看清，相较于这些因果关系的当下结果，其间接的和遥远的结果并非更容易避免。我的意思并不是说人们拒斥上述这些言论和推论，但是人们总有一些信念——虽然有的只是名义上的，有的则对行为影响不大，有的则在任何情况下都不能自圆其说；但是不幸的是，那些立法者所持有的信念，那些关于社会事务中因果关系的信念，就是属于肤浅的那种。就让我们来看看那些所有人都默认的真理——然而却很少在立法中被认真考量的真理。

不可否认的事实是每个人的生理和心智在某种程度上都具有可变性。每种教育理论，每种训练（从算术到拳击），每种惩恶扬善的学说，都意味着如下的信念：对每项身体性或者心智性机能的使用与弃用都会导致该机能产生适应性的改变——依据需求失去或者获得使用该机能的能力。

还有一项事实，人们同样认识到其在广泛显现，也即以各种方式产生的人性变更具有遗传性。没有人会否认微小的改变在一代又一代中逐渐累积，最终使得人性适应其环境；所以对一些种族来说致命的气候，对能适应这种气候的种族来说并无危害。没有人会否认那些起源相同却分散在各地的人们会有不同的生活方式，在时间的作用下，他们会产生不同的性情和倾向。没有人会否认在新的环境中，新的国民性至今还处在形塑之中，正如美国的情况。如果没有人否认适应的过程无处不在，而且每时每刻都在起作用，那么我们可以明显推论如下：每项社会环境的变化都会造成适应性的改变。

我们顺理成章的推论则是，对于每一项改变人类行动模式的法律来说，无论这种法律通过强制、限制还是扶持来造就新的行动方式，这些法律都对人类有所影响，以至于随着时间的推移造成他们的人性有所调整。除了直接作用所造就的影响，还有些长久的影响，而这被大多数人完全忽视——该影响就是重塑国民性，虽然重塑的结果令人欢喜或令人忧愁，但其在任何情况下，都是我们要考量的最重要的结果。

市民，特别是立法者，应该思索另一些真理，以致这些真理能深深刻入他们的脑海。这些真理揭示如下，当我们询问社会活动如何产生之时，我们认识到答案显而易见：社会活动是各自寻求欲望满足的诸个体之间多种欲望集聚而成的结果，这些个体通常以他们先前的习性和思想为依据，追求最为简易的通路——此种通路受到的抵制最小。这些政治经济学的真理会有诸多成果。我们无须证明，社会结构和社会行动必然是在观念指导下的人类情感以各种方式加以运动的结果，无论是我们的先辈还是当代人皆是如此。由此，对社会现象的正确解释也落在解释世世代代积累下来的这些因素间的共同作用之上。

这种解释很快就会带给我们的推论是，人类寻求欲望的满足，这也推动了个体活动和自发合作，相较于管制机构的所作所为，这样集聚起来的行动更能促进社会进步。以前只有野果生长的土地，现今种植出大量谷物，这是因为数百年来人们追求个体欲望的满足。从劣质棚屋发展到优质住房，这是因为人们希望改善个人的福利，而市镇的兴起也出于同样的推动力。贸易组织起初不过是在宗教节庆时发生的互通有无，现在也愈发扩张和复杂，这也完全是人们努力追求私人目的的结果。一直以来，政府阻碍并且扰乱这种发展，除了部分地履行正当职能和维持社会秩序之外，从未对此有所推动。知识的进步和工具的改进也是如此，这些使得社会结构的变迁和社会活动的增加成为可能。我们不会把从铁锹到电话等众多有用的发明归功于国家；发展天文学来增进导航技术也非国家所为；物理学、化学等科学的发现指导了现代制造业，这些发现也非国家主导；国家也不曾生产能编织各式织物的机器，能往返于各地运送乘客和货物的机器，能满足我们千百种舒适感的机器。世界贸易由商人在办公室中操控，交通繁忙以至于阻塞街道，零售体系使得任何东西都触手可及，还将日常生活的必需品配送上门，凡此种种，无一起源于管制机构，这些全是市民个体性或群体性自发活动的结果。相反，政府能履行自身职能，还需要归功于这些自发活动。如果政治机器没有来自科学和技艺的帮助，而只能借助于国家官员的发明物，那么该机器也将失去其功能。国家记录法律时所使用的语言，其代理机构日常下达命令时所使用的语言，这些语言工具跟立法者毫不相干，而是人们在追求个体欲望的满足时，在相互交流中无意识发展出来的成果。

先前的论述教给我们一个真理：自发形成的社会组织如此紧密相扣，以至于你无法作用于其中一部分，而不或多或少对剩下的所有部分造成影响。我们在如下情况中可以准确无误地看出这点：棉花歉收起先会导致特定地区制造业的瘫痪，随后影响到全王

国的批发商和零售商，同样也影响到他们的顾客；进而还影响羊毛和亚麻等其他纺织行业中的制造者、流通商和顾客。同样，煤炭价格上涨除了影响各地的家庭生活之外，还阻碍了大部分产业的发展，推高了其所产出的商品的价格，减少了这些商品的消费数量，改变了消费者的习惯。我们在这些例子中的清晰所见，以可见或者不可见的方式在所有地方发生。显而易见，议会法令作为一种影响因素，除了产生直接的效果外，还有无数各式各样的其他效果。我曾听闻一位知名教授的言论，他的研究也举出许多的例证："一旦你开始干预自然秩序，那么你就不可知其效果将止于何处。"如果这种判断在他所提及的次人类（sub-human）的自然秩序中真实有效，那么在由人类个体集聚而成的社会制度层面，在这一层的自然秩序中，此等判断也更为真实有效。

现在我们回到原先的结论上来。立法者在处理事务时，应该对这些或那些广泛的真理有清晰的认识，因为这涉及他所试图处理的人类社会。让我们稍微充分展开其中一条我们尚未提及的真理。

任何高级生物种群的存续都取决于其有所服从，服从于两种完全对反的原则，它们一时需要服从于此，另一时则要遵从于彼。该种群成员的早年生活和成年生活以相反的方式展开。我们现在将从自然秩序中来考量这两者。

众所周知，高级形态的生物相对来说成熟得更慢，但相较于低级生物，当它们成熟之后，会给予其后代更多帮助。这些动物成年后养育幼崽的时间或多或少被延长了，因为在这段时期，幼年动物并不能自我维生。显而易见，只有通过双亲来照顾未成熟幼崽的各种所需,种群才能维续。我们无须证明,如果未开眼且未长毛的巢中鸟或者年幼的狗崽需要自己保暖和取食,那么即便它们已经获得了视觉能力,也将即刻死亡。来自双亲的无私帮助如此之大,与幼年动物自身价值之小形成鲜明对比,无论对自身或是对他者来说,它们的价值都太弱小了。幼年动物随着能力的发展,也获得了自身的价值,来自双亲的帮助也迅速减少——从最初的自我维生,不久后它们也能帮助他者。这也意味着在未成熟阶段,受益者的所得必须与其力量或者能力成反比。显然,如果在生命早期,所得与应得、所获与功绩成比例,那么该种群在一个世代内就可能消亡。

从此种有关家庭群体的制度出发,我们现在转向那涉及更大群体的制度,该大群体由种群内部的成熟个体所组成。当一个新的个体获得完全的能力,并且不再需要双亲帮助之时,如果让其自我维生,会发生什么?此时一个与上述原则相反的原则将起作用。在它余下的生命里,每个成年个体的所得(benefit)与应得(merit)、所获(reward)与功绩(desert)相匹配。在此情况下,应得与功绩被理解为实现所有生活所需的能力,诸如获取食物、寻得住所或逃避敌人。在与内部种群成员和与外部敌对种群的竞争中,个体依据自身的劣势或优势,或是衰败或是被戮,或是兴盛或是繁衍。这种制度明显与之前的相反,在时间的长河中,其对种群的维持至关重要。如果每个个体的所得与其劣势成正比,那么劣势个体增多而优势个体减少,退化也会逐渐显现。最终,退化后的种群在与相敌对或者相斗争的种群进行竞争的时候,将无法保护自身的领地。

此处我们需要注意到如下的普遍事实:家庭群体内部与外部

的自然运作方式完全对反。如果其中一种运作方式侵入到另一种运作方式的范围内，那将会对种群产生或直接或遥远的致命影响。

难道有人会认为这种原则并不适用于人类种群？他不得不承认在人类家庭内部，正如在低级生物的家庭中一样，如果所得与应得相匹配，那将极为致命。他可敢断言在家庭之外，在成年人中间，所得与应得需要不成比例？他能否主张如果劣势个体能够兴盛和繁衍，以致追上或是超过优势个体，这将不会造成危害？一个人类社会如果身处在众多社会之中，而这些社会与该社会或是形成敌对关系，或是形成竞争关系，那么我们就可以将该社会视为一个（生物学意义上的）种群，或更为准确地说，视为一个亚种群。毫无疑问，该社会与生物种群或者亚种群一样，如果这个社会削弱其优势个体而加强其劣势个体，那么它将无法在与其他社会的竞争中维持自身。毫无疑问，没有人可以对此视而不见，如果在社会生活中采用或者执行家庭生活的原则——功绩较少者所获奖励颇多，那么该社会很快就会收获致命的恶果。即使家庭中的制度不过部分地侵入到国家体制之中，这也会缓慢地带来致命的问题。社会用其集体能力（corporate capacity）而对这两种对反原则进行干涉时，不可能不带来当下的或是长远的灾难，因为恰恰是上述两种原则使得每个种群可以适应其各自所有的生存方式，并保持这种适应性。

我深思熟虑地使用“社会集体能力”这种形容，就是为了不去制止或者谴责优势个体用“个体能力”（individual capacities）为劣势个体提供帮助。当他们的帮扶如此无差别，以至于使得劣势个体繁盛之时，这些帮扶就是危害；当没有社会性帮扶之时，对个体

帮扶的需求将更甚今日，而这种帮扶也更具有责任感。一般来说，个体帮扶会帮助不幸的值得帮助之人，而非无能的不值得帮助之人。个体帮扶经常会提倡同情文化，也与此同时常常给社会带来益处。但是在肯定这些的同时，更要承认家庭伦理和国家伦理（社会伦理）之间的绝对区别，这种区别需要被坚守。慷慨（generosity）必须是家庭伦理的核心原则，而正义（justice）则必须是国家与社会伦理的核心原则，即必须在市民之间严格地维系这种规范性关系：个体通过自身熟练或者不熟练的劳动——体力或脑力劳动——而获得回报，该劳动的回报与其价值相对应，由对该劳动的需求所决定。因此，这种回报使得他可以获得兴盛并养育后代，而这也与他的优势成正比，其优势就是他能给自身或他人带来的价值。

这些显而易见的真理会震惊每一个人，使得他们从自己的词典、地契和账簿中抬起头来，去广泛地观察事物的自然秩序——那种我们身处其中并且必须遵从的自然秩序。纵然如此，仍有人持续呼求家长制政府。家庭伦理对国家社会伦理的侵入，人们并不视之为社会不公，反而越来越呼吁这种侵入，将其视为获得社会益处的唯一有效途径。现今这种幻想行进得如此之远，致使有些人的思想也受到侵害，而这些人远比其他人与这种思想更为绝缘。1880 年有一篇文章获得了科布登协会[①]的奖励，该文写道："自由

① 科布登学会（Cobden Club）是一个建立在伦敦的学会和出版社。1866 年由英国自由党政治家托马斯·波特（Thomas Bayley Potter，1817—1898）建立，奉行自由贸易原则。该协会的名字是为了纪念一年前逝世的理查德·科布登，因为奉行自由贸易而吸引了很多自由党政治家。该协会在 20 世纪衰落和消失。——译者

贸易(free trade)的真理天空被自由放任的谬误之云遮蔽",我们被告知说,"我们需要一个更为家长制的政府——这是旧有经济学家的梦魇"。[①]

上述所坚持的真理至关紧要,因为接受或者拒绝此条真理将会影响政治结论的整体架构,请谅解我在此处引用特定的段落来强调这点,该段落出现在我1851年出版的书中[②],只是希望读者不要将这里面蕴含的目的论看成我所服膺的观点。在描绘完"低级受造物中弥漫着的普遍战争状态",以及这种战争状态带来的普遍益处之后,我因此继续写道:

> 更值得注意的是,肉食性天敌不仅可以移除草食性动物种群中过了全盛期的个体,还可以消灭那些患病的、畸形的和最为缓慢与弱小的个体。借助这种净化过程,也凭借发情季节的普遍争斗,低劣个体通过繁衍而造成的种群衰败被制止,保存下来的个体则完全适应其所处的环境,因此最能产生幸福的要素被保存下来。
>
> 迈向高级受造物的发展过程是迈向如下生命形式的进步过程,这种生命形式能够获取不受这些缺陷损害的幸福。正

① *On the Value of Political Economy to Mankind*, By A. N. Cumming, pp. 47, 48.

② 也即《社会静力学》的1851年版。1851年版是其第一版,1892年斯宾塞改订出版了第二版,也是删节版。这两个版本有大不同。改订第二版的中译本可以参看张雄武译,商务印书馆1996年版。——译者

是人类这个种群实现了这种完满。文明是这个实现过程的最终阶段。理想的人就是在该过程中所有条件都得到实现的人类。同时,人这种有生命的受造物普遍受制于仁慈但严厉的训诫,该训诫保证了现存人性的良善以及人性迈向最终的完善,此条训诫在实现良善方面冷酷无情,这种追求幸福的法则从不为避免特定的和暂时的苦难而改道行之。无能者的贫困,短视者的窘迫,懒惰者的匮乏,弱者为强者腾出空间,凡此种种都使得许多人"处于困境和苦难之中",但这是实现宏大且长远的仁慈所需的惩戒。

为了适应社会状态,人不仅需要丧失其野性(savageness),也需要获得文明生活所需的能力。适应能力需要发展:为了面对新的任务,智能也必须有所调整;最为重要的是必须获得一种能力,以牺牲当下的较小满足来获得未来的更大满足。当然,这种转变也令人不喜。苦难不可避免地源于体质和环境之间的不协调。

这些苦难折磨我们,且被那些无知的人视为可以通过移除其原因来得到解决。实际上,在现今这个不断适应的进步过程中,不可避免地会产生这些苦难。人性被迫去对抗其所处新环境的必然所需——从而被迫被形塑成与之相一致,并尽其所能去忍受随之而来的不幸。必须经历这个过程!必须忍受这种苦难!地球上没有任何权力、任何政治家设计出的狡猾法律,没有任何仁慈者设想出的调整世界的计划,没有任何共有财产支持者所倡议的万能药,没有任何人提出的曾经或者将来的改革方案，能够对这些苦难有丝毫减轻。这些苦难可能加剧也正在加剧，为了阻止此等恶化进程，慈善家将有大量用武之地。但是改变总是与特定数量的困难紧密相连，如若不改变生命的法则，也就无法减轻这种苦难。

当然，人们之间自发的相互同情可以缓解这种严苛的进程，缓解此等进程也理所当然。当人们施展同情心却无视其最终后果之时，无疑将会造成伤害。但是由此带来的缺陷并不比一事无为更为糟糕。只有当同情打破公正，只有当同情所进行的干预是平等自由法[①]所禁止的行动之时，只有当同情在特定的生活层面阻碍了体质和环境的适应关系之时，同情才会造成纯粹的恶果，从而背离其目标。最终，同情增加而非减轻苦难。它帮助那些最不适应生存者滋生繁衍，从而阻碍了那些最适者繁荣昌盛——从而挤压了最适者的空间。它将使得那些生活充满最大痛苦者挤占世界，而使得那些生活充满最大快乐者被迫出局。它破坏了积极的痛苦，也阻碍了积极的幸福。

——《社会静力学》，第 322—325 页和第 380—381 页(1851 年版)

① 平等自由法(the law of equal freedom)是斯宾塞在《社会静力学》中提出来的关于社会关系的首要法则，也即“所有人都享有自由去依其意愿行事，只要他如此行事不会干预其他人的同等自由”。以此，才能建立和维护起一个公正的社会秩序。可参见《社会静力学》1851 年版，第六章。——译者

这些段落出版以来，30 多年过去了，但是我没有理由放弃其中的观点。相反，诸多证据强化了这些观点。相较于上述所及观点，最适者生存(survival of the fittest)的益处更加数不胜数。达尔文先生所说的“自然选择”(natural selection)的过程，与变异倾向和变异遗传一同起作用，被他证明是演化的首要推动力(虽然我相信这并非唯一的推动力)，此等演化贯穿所有生命体。[①] 生命体从最为简单的形式开始，随着演化而不断分化和再分化，最终到达它们现在的组织程度以及对其生活方式的适应程度。这个事实如此为人所知，以至于我们点明它都要怀有歉意。但令人惊异的是，既然大多数受过教育的人们认识到了这个事实，既然最适者生存的有益作用给他们留下了如此深刻的印象，留下了远比前人更为深刻的印象，那么他们理应在干预其运作之时有所犹豫。然而比起历史上任何时期，现今，他们反而更尽其所能地在推动最不适者生存！

但是对人是理性存在的这种假定，总会引导人们得出远超该

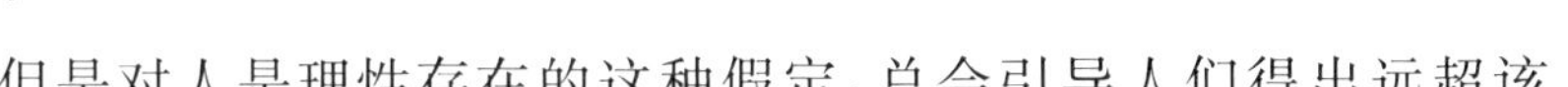

① 达尔文与斯宾塞有关演化理论的一大区别就是关于演化动力的讨论。简单来说，达尔文基于自己的自然史考察和科学研究，认为生物演化机制更多在于变异(variation)和自然选择，也即生物种群自身会产生变异，而自然选择则决定哪种变异能够幸存并在延续中占据优势；相反，斯宾塞更多基于拉马克的思想传统，强调生物的主动适应性是演化的主要推动力。当然这种两分也不是完全泾渭分明，斯宾塞多少也承认自然选择的作用，而达尔文早期也受到过拉马克的影响。后来在 20 世纪，经过生物学上新达尔文主义的变革以及社会科学对此学说的接受，社会科学家也更喜欢批判斯宾塞理论中的拉马克遗存，而赞赏达尔文理论的“科学性”。关于此更详细的研究可以参看 Derek Freeman et al., “The Evolutionary Theories of Charles Darwin and Herbert Spencer”, *Current Anthropology*, Vol. 15, No. 3, 1974, pp. 211-237。——译者

预想的推论[①]：

> 确实，你的原则源自野蛮的生活，因此也是野蛮的原则。你没有说服我去相信人类与动物所受的训诫是为相同。我不关心你基于自然史的论证。我的良心告诉我，弱者和受难者需要被帮助，如果自私之人不帮助他们，那么就要用法律强制自私之人给予其帮助。不要告诉我说，恻隐之心仅仅限于个体间的相互同情，而政府必须是严格维系正义的机构。每个具有同情心的人都认为需要阻止饥饿、痛苦和惨剧，如果个体的能力不足，那么就要设立公共机构。

我预计回应中十有八九都是这套说辞。无疑，有些人对同胞之情如此敏感，以至于在思考人类苦难时缺乏耐心，从而无法将长期后果纳入考量。然而，我们多少有些怀疑他们的同情心。为了维护我们所谓的国家"利益"和国家"声望"，如果当权者不迅速派出大军，付出代价从而消灭数以千计的敌人（这些敌人或被我们怀

① 爱默生有句名言："唯有其在事实中展现时，一个原则才能被大多数人理解。"这促使我在此处举例来说明，因为抽象原则对某些人来说并无效果，我们很难估计那些因为培育恶人和一无所长之人而造成的恶果总数。但在美国1874年12月18日举行的国家慈善互助会（The States Charities Aid Association）的会议上，哈里斯博士举出了一个惊人且详细的例子。在上哈德逊地区的某县，犯罪率和贫困率惊人。数代人之前，有个"街头流浪儿"，那里的人们称她为"玛格丽特"，她是位多子多孙的母亲，生出了一堆后代。除了大量傻瓜、弱智、醉鬼、疯子、穷人和妓女外，"县里记录表明她有200名后代成为罪犯"。让他们世世代代生息繁衍，并且成为该社会不断增长的祸害，这是仁慈还是残忍呢？更为具体的细节可参见 R. L. Dugdale, *The Jukes: A Study in Crime, Pauperism, Disease and Heredity,* New York: Putnams, 1884。

疑为意图不轨，或其体制被认为对我们有所威胁，或其土地正为我们的殖民者所需），那么他们就会感到愤怒。终究，他们根本不可能在情感上如此敏感，无法想象那些落在穷人头上的艰辛。对这些人所谓的同情心，我们无须钦慕，他们鼓吹政策来肢解其他在进步的社会，他们以犬儒般的冷漠看待所留下的混乱、苦难与死亡。当布尔人[①]宣布独立并成功抵抗我们之时，这些人十分愤怒，因为为战败复仇的再次战斗也无法挽回大英的"荣誉"，反而造成了我们士兵和敌人的更多死亡和苦难。先前提及的抗议让我们期待这些人"对人性有所热衷"，然而此处却没有如此。确实，他们宣称自己很敏感，这也使得他们不忍眼见周遭悄然发生的、由"生活战争"（the battle of life）所带来的痛苦，然而他们却那般无情，不仅容忍甚至享受真正战争所带来的痛苦。他们希望报纸能附上描绘屠杀的插图，他们贪婪地阅读对血腥战事的详尽描绘。我们有理由怀疑这些人，因为他们的情感使他们无法忍受穷人的度日如年，纵使这些穷人多是懒惰者和短视者；然而这些人却呼求《世界上 15 次决定性的战争》（*The Fifteen Decisive Battles of the World*）重印出第 31 版，以使他们沉浸在对屠杀的描述之中。这些人自称的软

① 第一次布尔战争发生在 1880—1881 年间，是英帝国与其治下南非共和国之间的战争。南非共和国，也即德兰士瓦共和国，是布尔人 1852 年在南非地区建立的独立国家，1877 年被英帝国吞并，1880 年宣布从英帝国中独立。在两军交战的第一场战役中，也即布龙克霍斯特干河（Bronkhorst Spruit）之战中，布尔民兵团大获全胜，而英军损失惨重。而在接下来的几场战役中，英军也无法挽回颜面，随后格莱斯顿领导的英国政府认识到战争持续将所费不赀后，于 1881 年签订停战协议，并签订《比勒陀利亚协定》（Pretoria Convention），后来此协定在 1884 年为《伦敦协定》（London Convention）所取代，《伦敦协定》决议南非共和国独立并保证其自治，但是英帝国仍然享有权力控制其外交事务。——译者

心肠和实际的硬心肠之间存在明显的矛盾,他们逆转事物的正当进程来阻碍当下的苦难,即使此后会带来更大的苦难也在所不惜。在别的时候,你可能会听闻他们完全无视流血和死亡,主张为了人类普遍的利益,最好清洗低劣种群以让优质种群占有他们的地盘。如此的不可思议啊!他们无法冷静地旁观在其社会内部,个体之间非暴力的生存斗争所带来的恶果,但是他们可以心平气和地看待这种恶果以更为剧烈和广泛的形式发生作用,让整个共同体被火与剑吞噬!在我看来,他们如此不值得尊敬,因为他们对国内的劣势群体照顾有加,而同时对国外的劣势群体冷酷无情。

当我们发现他们极度在意我们的流血牺牲,而漠然无视他人的流血牺牲时,他们也就更不值得尊敬了。如果个体通过自身努力去减少苦难,那么无疑值得人们赞赏。只有少数人日复一日、年复一年耐心地把自己的大部分时间投入到生活困苦的不幸者、无能者和犯错者身上,帮助、鼓励他们,并不时为他们提供消遣。如果人人都能像他们这般,那么值得无尽的赞赏,然而大多数人只愿表达一种廉价的同情。如果男女老少越来越多地直接发挥自己的同情心,而非借助中介来帮助穷人自立,则我们会收获越来越多的快乐。但是大多数人都希望通过法律来减轻失败之人和轻率之人的苦难,他们很少自己作为,而更多要求他人作为,有时他人同意帮忙,然而更多时候他人被强制要求给予帮忙。非但如此,那些被迫为穷人做事的人们,也经常要求等值的或是更多的回报。那些值得同情的穷人往往也要承受重负,来照顾那些不值得同情的穷人。正如在旧济贫法下,勤劳而有远见的劳动者不得不养活一无所长之人,直至这些劳动者因为重负而破产,不得不去济贫院避难。现今，为所有公共目的而对大型市镇所征收的税负达到高点，以至于此税负“超过限度，不可能不使小商店主和工匠陷入艰难境地，他们业已发现自身难以脱离贫困之苦”[①]。所以，在所有情况下，政策都是加剧了那些最值得同情之人的痛苦，而减轻了那些最不值得同情之人的痛苦。简而言之，人们那般富有同情心，不忍心看到在生存斗争之下，那些不值得同情之人因其无能和犯错而承受苦难；但是人们也那般无情，毫不犹豫地使得生存斗争更加激烈，以至于那些值得同情之人及其子女不得不在承受自然的恶果之外，还需担负人为的恶果！

此时让我们回到起初的话题上来，那就是立法者之罪。此处我们明显地面临一种最为常见的越界行径，而这种行径也得到管理者的承认，这种行径如此常见并被习俗默许，以致无人将之视为越界。一开始我们就提及，政府总诞生于受侵略之时，或者为了侵略而产生，政府通过侵略行动来持续显明其原初本质。近看之下，政府面容慈善；唯有拉远来看，政府才显露出狰狞面孔——仁慈以残酷为前提。因为，增加优秀之人的苦难来减轻低劣之人的苦难，这难道不残忍吗？

不可思议的是，我们如此轻易地让自己为言语和修辞所欺骗，只看到政府的慈善面，而未见其相反的残忍面。一个很好的例子，并且也与当前问题相关的例子就是自由贸易的反对者使用“保护”(protection)和“保护主义者”(protectionist)这两个词汇，而自由贸易的支持者也默认这两个词汇有效。真理其实是所谓的保护总

① Mr. Chamberlain in *Fortnightly Review*, December, 1883, p. 772.

是带有侵略性，对此事实，反对者经常忽视，而支持者也不加以澄清，其实我们应该用侵略主义者的名头来取代保护主义者的名头。以下事实也确凿无疑：如果为了保护甲方的利益，乙方被禁止向丙方购买商品，或者如果乙方向丙方购买商品，他就必须缴纳罚金，这两种情况下，乙方就被侵犯了，而甲方则被“保护”了。这样，自由贸易的反对者更加适合戴上“侵略主义者”这个头衔，而非用委婉的“保护主义者”来称呼他们。因为一个生产商之所得，也即十个消费者之所失。

只看到事情的一面会导致思维的混乱，这种混乱也贯穿在所有立法的方方面面，这些立法强制夺走乙方的财产来无偿地给予甲方好处。通常人们在讨论这些措施的时候，主要考虑到可怜的张三应被保护，以免遭恶果，但是没有人想到勤奋的李四会被侵犯，而且他还更值得同情。人们以直接的方式或提高租金的方式榨取金钱，从咬牙度日的小贩身上榨取出来，从因罢工而失业的石匠身上榨取出来，从因病一贫如洗的技工身上榨取出来，从日夜洗洗补补以养活丧父幼儿的寡妇身上榨取出来。相反，放纵之人可以免于饥饿，较不贫困的邻居小孩可以上廉价学校，而更为富裕的人们也可以无所事事地阅读报纸和小说！以此来说，错误的命名法实际上比把侵略主义者称为保护主义者还更加误导众人，因为如上所述，保护败坏的穷人会侵犯有德性的穷人。毫无疑问，大部分榨取出来的金钱来自那些相对富裕的人家。但是这不能缓解那些要缴纳剩下部分的穷困人家的痛苦。如果对这两个阶级所承受的压力进行比较，显而易见，事情的后果远比起初看来更为严重，因为从富裕人家那里榨取的是奢侈的多余物，而从贫困人家那里

榨取的是维生的必需品。

现在让我们来看看这些立法者长期所犯的罪行将会带来的报应,他们以及他们所处的阶级,同样还有那些有产者一道,都面临如下的威胁,也就是议会的每条充公法案实际上都在广泛实践那种普遍的充公原则。这些推行的法案有何秘而不宣的前提?这种前提不过就是,没有人能对自己的财产享有所有权:除非得到共同体的许可,否则即使他汗流浃背地工作也不能占有所得,而且共同体在认为合适的时候,就可以取消他的所有权。然而为了乙方的利益而占有甲方的所有物,这并无正当理由,除非人们主张社会作为整体对其成员的财产享有绝对的权利。现在,这种之前默许的主张被公开宣称。乔治先生和他的朋友海德曼先生及其支持者正在为此等主张奠定逻辑基础。受到日益增长的案例的启发,他们认为个体除了拥有能被共同体以公正之名进行践踏的权利之外,别无其他权利。他们说,"虽然很艰难,我们还是会发展这个主张",并且同时也践踏个体权利。

当从更深远的视角来看待事物之时,在很大程度上我们可以对之前提及的阶级在立法上的错行有所解释,从而对这些错行的责备也会有所减轻。这些错行的根源在于一个错误的认识,就是将社会视为一个人工产物,相反,社会是一个自然生长物。无论是过去的文化还是现今的文化,都没有给大多数人一个有关社会的科学概念——社会有其自然结构,此中所有的机构组织(无论其是政府性、宗教性、生产性还是商贸性等等)相互之间都关联紧密,这种结构在某种程度上是一个有机的结构。人们可能在名义上接受这种概念，但是不会以此等方式来行动。相反，人们经常会把由人类聚集而成的社会设想成像一个面团，厨师能依其喜好将此面团揉捏为馅饼、泡芙或者果挞。共有财产的支持者就明确告诉我们，他认为政治体可以依其意志进行形塑，议会的诸多法案也默认社会可以这样那样地整顿安排，并按照其意图加以维系。

我们暂且不论这种有关社会的错误概念，也即其错误在于将社会视为可供揉搓的面团而非有机体；日常事实就足以时时刻刻引起人们的注意，使得每个人都会怀疑用这样或那样的方式来改变个体行为是否能够成功。无论是对公民还是对立法者来说，他的家庭经验会时常提醒他，人类的行动无法设计：他放弃控制妻子的思想，相反让妻子的思想控制自己；他尝试批评、惩罚、说服和奖励自家孩子，但是孩子们没有对这些行动做出满意的回应；他也无法劝说孩子的母亲，让她不以他认为有害的方式来对待孩子；同样的，心不在焉、不守时间、邋里邋遢、缺乏自制导致仆人们多生事端，而无论他进行说理还是责骂，都无法带来持久的效果。然而，他发现处理日常事务如此之难后，却依然能自信满满地认为自己有能力处理国家事务。虽然他所认识的人不到全体公民的千分之一，他所遇见的也不足百分之一，而且大多数公民属于各个阶级，他也对这些阶级的行为习惯和思维方式都只有模糊概念，然而他却自信满满，笃定公民会如其所料地那般行事，从而完成其所料想的目的。对这种前提和结论之间的悖谬，我们难道不会感到不可思议吗？

无论他们处理家务事时成败与否，无论他们是否能从各大报纸上知悉社会生活如此广阔宏大、千变万化、涉及众多，以至于人

们都无法在脑中对其形成模糊的轮廓,但是我们都希望人们本就应该在从事立法事务时,极为谨慎犹豫。然而他们在此展现出了前所未有的自信满满。任务之艰巨与承担者所做准备之草率,两相比较之下,没有什么比这更令人惊讶的了。毋庸置疑,在众多可怕的信念中,最为可怕的莫过于就连学习一项简单的手工活,诸如制鞋,都需要一段漫长的学徒期,而唯一没有学徒期的工作竟然是为国家立法。

总而言之,我们难道没有理由认为,有几项公开的秘密摆在立法者眼前?这等秘密如此公开,以至于无须再对立法者有所隐瞒,这些立法者承担着繁多而且可怕的责任:他们要处理涉及千千万万人的事务,尽管他们的政策不是为其造就幸福,而是增加苦难和促成死亡。

在所有不可否认的真理当中,第一条虽然显而易见却总被全然忽视的真理就是:社会中所呈现的各种现象,无一不根源于人是一种个体生命,同样的也无一不植根于人类是一种普遍生命。由此,我们不可避免的推论是,对这些涉及生理性或者心智性的生命现象来说,除非它们之间的关系是混乱的(然而这种假设已经被生命的自身维持所证伪),否则其所造就的现象,就不可能是完全混乱的:现象之中必然有某种秩序,当人们不得不集聚在一起开始合作之时,这种秩序就从现象中产生。显然,如果人在管理社会之时,未曾研究过此等社会秩序所造成的各种现象,那么他肯定是在制造危害。

第二条真理是,在先验推理之外,我们必须强制立法者对不同社会进行比较来认识这个结论。十分显而易见的是，在对社会组织的细节进行干涉之前，人们必须先行探问社会组织是否有其自然史，而为了解决这个问题，人们需要从最简单的社会入手来探究，来发现各种社会结构履行了何种功能。这种比较社会学(comparative sociology)展现了社会在起源上至关重要的一致性，可惜人们很少对此进行研究：经常出现的首领权以及通过战争确立起的首领权威；在各地广泛兴起的医师和祭司；在各地出现的具有相同的基本特征的崇拜行为；由早期含糊而到逐渐分明的劳动分工；随着战争而不断复合和再复合的组织——那些在政治上、宗教上和生产上形成的复合体。人们一旦对此进行比较，很快就显明，各个社会除了那些特有的差异之外，在起源方式和发展形式上具有普遍的相似性。它们所展现出的结构性特征表明，社会组织有超越个体意志的法则，无视此种法则，必将造就众多灾难。

第三条真理则是，在我国和他国的法律记录中有大量有益的指导信息，这些信息需要引起人们更多的关注。世界各地的国王和政治家做过各种尝试，但是都无法实现自身的良好意图，反而造就意想不到的恶果。百年复百年，新措施一如旧举动，而其他举措在原则上也并无不同，都一再打碎希望，重演灾难。无论是选举人还是被选举人都相信，人们无须系统地学习立法，这也导致过去那些希望使得人们获得幸福的立法，反而给人们带来不幸。如若对过去流传下来的立法经验没有广泛的了解，人们当然也就无法正当地履行立法职能。

现在，我们重新回到开头就已经涉及的类比，也即依据立法者是否熟知这串事实，我们可以判断他们是否应当受到道德谴责。

一位医生经过数年的学习之后，获得了足够多的生理学、病理学和治疗学知识，当有病人经其治疗后死亡，该医生无须担负法律责任，因为他已全力以赴做好准备，并且尽其所能给出诊断。

同样，立法者经过广泛的和有序的调查之后，做出决定，纵使这时他的措施产生恶果而非良效，除了推理出错外，他无须承担更多的责任。相反，在立法者的观点推动法律并见诸价值之前，他必须仔细地考究那些繁多的事实，如果他对此完全陌生或所知甚少，还助推法律通过，并且因此造成苦难和死亡，那么我们将不会饶恕他，一如我们不会饶恕那个见习药剂师，因为这位药剂师忽略了处方中某味药材，而造成了病人的死亡。

巨大的政治迷信

在过去，巨大的政治迷信是有关国王的神圣权利。在当代，巨大的政治迷信则是有关议会的神圣权利。无意之中，涂油礼上的圣油从滴到一人头顶，变成淋在众人头上，从而给予众人及其法令以神圣性。

无论我们将这些早期信念视为多么的非理性，然而我们必须承认这些信念相比于后来的信念来说，更为融贯。无论我们是否需要回到国王就是神的时代，或者国王是神子的时代，还是国王是神授的时代，对国王意志的绝对服从这个说法，我们还是可以找到很好的理由。路易十四时期，神学家波舒哀[①]等人认为国王“就是神，从而与那神圣存在一般，享有绝对的权威”。我们的托利党在过去也教导我们说，“君主是神的代理人”。如果接受这些前提，不可避免的结论就是，政府的命令没有任何限制。但是在现代的信念中，这种许可并不存在。立法机构没有自命不凡地宣称自己源自神圣世系或者拥有神圣授权，所以它们也无法为其无限权威提

---

① 雅克-贝尼涅·波舒哀(Jacques-Bénigne Bossuet，1627—1704)是法国主教和神学家，他也是路易十三时期的宫廷布道师，后成为路易十四的家庭教师，在其著作《世界史叙说》(*Discours sur l'histoire universelle*)中宣扬君权神授和国王的绝对统治权。——译者

供超自然的证明，同样也无法提供自然的证明。因此，相较于对国王的无限权威这种旧时信念来说，人们对议会的无限权威怀有的信念，反而没有融贯性。

令人十分惊奇的是，人们在名义上所拒斥的信念，却通常在实际上有所坚持——在放弃其形式后依然坚持其实质。在神学方面，卡莱尔就是很好的说明，在学生时代，他自以为已经抛弃了自己先辈的信条，但是他仅仅放弃了外壳而保留了内核，从他对世界、个人和行径的看法来说，他依然是一个最顽固的苏格兰加尔文主义者。科学界也有同样的例子，查尔斯·莱尔爵士[①]就将地质学中的自然主义和生物学中的超自然主义结合起来。作为地质学中均变论(uniformitarian theory)的主要支持者，莱尔完全抛弃了摩西的宇宙进化论，但他仍长期为有机体的特创说辩护，当然，没有什么资源比摩西的宇宙进化论更适合为特创说做辩护了。直到晚年，莱尔才屈服于达尔文先生的论述。如前所述，政治学中也有类似案例。托利党、辉格党和激进派都默认政府的权威无限，这个信条可以追溯到立法者被认为由神授权的时代。尽管那个时代已经故去，这种信条却依然存活下来。如果有市民质疑国家随意进行干预的合法性，他会得到这样的答复："啊！议会的法令能做任

① 查尔斯·莱尔(Charles Lyell，1797—1875)是苏格兰地质学家，著有《地质学原理》一书，该书在早期对斯宾塞很有影响。在该书中，莱尔试图向维多利亚时代的大众说明，地形地质由一种自然进程所塑造，而这种进程持续至今。威廉·胡威立(William Whewell)将这种渐进的变化称为均变论，从而与乔治·居维叶所支持的灾变论(catastrophism)相对。灾变论认为地形地质更多由突发的剧烈事件所塑造，灾变论也经常与《圣经》解释联系在一起，下文摩西的宇宙进化论就是指旧约摩西五经中对上帝创世的描述。虽然莱尔在地质地形塑造上支持均变论，但是他在生物学上不太支持拉马克或者达尔文的演化论，而是坚持生物在受造之时就有稳定的性状。——译者

何事情!”听后,该市民将目瞪口呆,此时他都还未问及这种无限权能如何为之、从何而来以及意图为何,除了受制于自然的不可抗力外,这种权能几乎无所不能。

此处,我们将冒昧质疑它。人们宣称尘世的统治者是天国统治者的代理人,而对其全面服从是为必尽的职责,这宣称在逻辑上成立,却未曾得到证明。现在我们继续探问:既然宪政或共和的统治权并非源自天国的无上权力,那么有何理由去肯定对统治权的全面服从是人们必尽的职责?显然,这种探问使得人们可以对过去的和现在的有关政治权威的理论进行批评。我们也要重启很久之前就似乎已经得到解决的问题,并就此重启给出理由。然而我们之前其实已经明示过这个理由,就是人们所普遍接受的理论在实际上根基不稳甚至并无根基可言。

主权概念在这里第一次出现,正如那些不认为主权有超自然基础的人一般,我们也会对主权这一概念进行批判性考察,而这项工作也把我们带回到霍布斯的论证那里。

我们先假定霍布斯的假设合理,也就是“在没有一个公共权力使得大家慑服的时候,人们便处于战争状态之下……这种战争是每一个人对每个人的战争”①。尽管这并非真实的情况,因为在一些小型的未开化社会中,“没有公共权力使得所有人产生敬畏”,人们也能维系和平、和睦相处,而且这种和睦程度还更甚于有公共权

① Hobbes, *Collected Works*, Vol. iii, pp.112-113;中译本参见霍布斯:《利维坦》,黎思复、黎廷弼译,商务印书馆 1988 年版,第 94 页。

力的社会。让我们同样假定他的以下论述合理，也即统治众人的权力之所以产生，是因为人们希望维持自身内部的秩序。然而统治众人的权力实际上经常起源于侵略战争或者防御战争中服从于战争领袖的需要。统治权在起源上不必然或者不经常与维持个体之间的内部秩序有关。进一步，让我们也承认那种没有理由的前提，也即承认为了避免经常性冲突所造成的恶果，共同体的成员们签订“契约或者协定”，以免冲突在他们之中持续，就此他们放弃了自己原初的行动自由，把大家全部都紧密结合起来，并使自己臣服在公认的统治权力的意志之下。① 我们姑且也默认后人将永远受制于其遥远祖先为之所制定的契约。我们暂且都先不反对霍布斯的上述假设，而是直接考察霍布斯得出的结论。霍布斯写道：

> 因为事先没有信约出现的地方就没有权利的转让，每一个人也就对一切事物都具有权利，于是也就没有任何行为是不义的。在订立信约之后，失约就成为不义，而非正义(injustice)的定义就是不履行信约。任何事物不是不义的，就是正义的……这样说来，在正义与不义等名称出现以前，就必须先有某种强制的权力存在，以使人们所受惩罚比破坏信约所能期望的利益更大的恐惧来强制人们对等地履行其信约。②

霍布斯时代的人性真的如此败坏，以至于如他所言，如果缺乏

① Hobbes, *Collected Works*, Vol. iii, p.159；中译本参见第 131—132 页。

② Hobbes, *Collected Works*, Vol. iii, pp.130-131；中译本参见第 108—109 页。

强制性权力和可怕的惩罚，就没有人会履约？在我们的时代，“正义与不义之名出现”已不再和强制性权力相挂钩。在我的友人当中，我可以列举数位我默认的无须出于“对惩罚的恐惧”就可履约之人；无论强制性权力存在与否，他们都将正义视为律令。然而我们只要注意到霍布斯这个前提的不合理，就会发现其有损于他对国家权威的论证；如果我们要接受他的前提和结论，就有以下两项重要推论值得注意。其一，国家权威因其起源，不过是达到目的的手段，除非有助于到达该目的，否则该权威并无效力：如果无助于达到该目的，理论上此权威也就不应存在。其二，就该权威之存在所要服务的特殊目的来说，只不过是维系正义——维系平等关系。此推理意味着除了阻止直接的侵犯行为以及打破契约的间接的侵犯行为之外，没有其他凌驾于公民之上的暴力具有正当的理由；此时，如果我们再加上对抗外部敌人并为公民提供保护这条职能，那么我们也就穷尽了霍布斯主权学说中国家权威的所有职能。

霍布斯为绝对君主制的利益进行辩护。他的当代仰慕者奥斯丁[①]则企图从无限主权之中引申出法律的权威，而此等无限主权或是来自个人，或是来自整个共同体中的少数人和多数人。奥斯丁行伍出身，在其《法理学的范围》(*Province of Jurisprudence*)

① 约翰·奥斯丁(John Austin，1790—1859)是英国法律理论家，因其法律实定主义(legal positivism)和对法学的分析进路而对英美法学有很大影响。法律实定主义不同于自然法理论，奥斯丁认为法律与道德之间并不存在必然联系，人类的法律系统可以采用经验性和价值无涉的方法来研究。奥斯丁早年有漫长的行军生涯，曾在拿破仑战争时期服役五年。——译者

一书中可见此“永久印记”。如果不被他恼人的卖弄学问吓退，我们就会发现书中无尽的对比、定义和重复不过是在掩饰他的真正信念。当他将世俗权威归结为军事权威时，其意图已经昭然若揭，他将两者的起源和范围的同一性视为理所当然。为了证成实定法，他将我们带回到制定该法的绝对主权那里，这种主权可以是君主、贵族或者是由民主投票权之人组成的较大组织，这个组织也被他视为统治者，相反，共同体中剩下的部分因为无能或者其他原因，则只能成为臣属部分。这些统治组织可简单可复杂，可大可小，但其无限权威都得到人们的肯定或被人们认为理所应当。以此，他毫无困难地推出统治者的敕令具有法律上的有效性，而这敕令就被奥斯丁称为实定法。然而问题只是被推后了一步，而没有得到解决。真正的问题是：主权从何而来？对于这种一人统治众人，或者少数人统治多数人，或者多数人统治少数人的主权来说，其至高无上性有何正当理由？批评者不无恰当地提出：“我们无须跟随你的步伐从无限主权中推出实定法：这个推论已无须多言。但是你首先要证成你所谓的无限主权。”

对此等要求，他并没有予以回应。如果我们分析奥斯丁的预设和信条，就可以发现其相较于霍布斯的学说来说，并没有更牢靠的基础。缺乏来自神圣世系或神圣意志的保障，无论是个体统治者还是集体统治者都无法获得凭据，以此宣称自身能够享有所谓的无限主权。

人们会异口同声地大声回答道：“但是毫无疑问，多数人享有毋庸置疑的权利，而他们也可以将此等毋庸置疑的权利给予那个经由他们选举出来的议会。”

此时，我们触及问题的核心。议会的神圣权利意味着多数人的神圣权利。立法者和民众的基本预设毫无二致，都是大多数人享有不受限制的权力。所有人都会接受当前的这个理论，将之视为无须证明的自明真理。然而，我认为，如下的批评会表明当前这个理论需要被彻底地修正。

在1854年10月的《爱丁堡评论》上，我刊登有一篇文章，名为《铁路道德和铁路政策》(“Railway Morals and Railway Policy”)，在那里我有机会以上市公司的行动作为例子，来处理有关多数人权力的问题。除了引用下述段落之外，我想不出更好的方法来得出目前所需要的结论：

> 在各种情况下，或者为了各种目的，一群人合作起来行事。当他们之中有不同意见之时，正义要求执行大多数人而非少数人的意志。这条规范被认为普遍适用，但也可能引起有争议的问题。人们如此肯定这条规范，对此事的伦理也很少质疑，以至于一点点质疑发生时，多数人竟会感到震惊。但是只需要稍加分析，我们就可以发现这个观点不过是一种政治迷信。通过归谬法，我们很容易找出一些例子，这些例子说明大多数人的权利仅仅是有条件的权利，仅仅在某些范围内有效。就让我们看看以下情况。设想一下在慈善组织的一场大型聚会上，人们决定除了在救济苦难之外，慈善组织必须采用家庭传道来抵制教权制。那么对那些怀着慈善之心而加入此团体的天主教捐助人来说，他们的捐助物资能被正当地用

于此途吗？设想一下在某一图书俱乐部，绝大多数成员认为在现有情况下，进行来复枪训练比阅读更为重要，于是他们决定更改组织的目的，并将手头资金用于购买火药、子弹和枪靶。剩下的人有必要跟从此决定吗？假设一下在不动产保有协会[①]中，大多数成员受到来自澳大利亚的新闻的刺激，决定不仅仅要组团去挖掘金矿，而且还要使用他们积累下来的资金去购买装备。但对那些少数人来说，他们如此挪用资金是否公平？他们也应该加入征程吗？对于第一个疑问，很少有人会冒险做出肯定的回答，更无须提及第二个问题。为何如此？因为每个人必定认为，当他和其他人联合起来时，对于那些完全违背联合初衷的行动，没有人可以行之而不违背公义。少数人可以如此正当地回应那些想要强制他们的人："我们加入你们是为了明确的目标，我们投入金钱和时间也是为了促进此等目标的达成，以此我们才默认去服从大多数人的意志，但是我们并不会就其他问题有所妥协。如果你们公开地以特定的目的诱导我们加入你们，随后又追求其他的没有向我们明示的目的，那么你们就是以虚假托词来获得我们的支持。你们逾越了我们所认可的、所表达的以及所理解的契约，因此，我们也无须再受制于你们的决定。"显而易见，这是仅有的对此事的合理解释。对每个集体组织来说，其正确的普遍组

① 不动产保有协会(Freehold Land Society)的全称是伊普斯威奇和萨福克不动产保有协会(Ipswich and Suffolk Freehold Land Society)。该协会在1849年建立，是为英格兰地区四十先令保有运动(Forty-Shilling Freeholders Movement)的一大组成部分。协会的目的本身是使得普通人能够获得不动产资格以享有投票权。——译者

> 织原则都是由组织成员相互定约，以此各自服从大多数人的意志，但是服从的范围仅限在所有那些有助于达成组织成员加入组织时所希求的目的，此外无他。仅在此等范围内，契约才有效。就契约的最本质特征而言，每个加入契约的人必须知道他们定约的目的。就那些与他人结合以追求特定目的的人而言，他们不能认为自家的联合组织在理论上可以承担其他所有的非特定目的，他们所加入的契约并不能被延伸到这些非特定目的之上。如果在联合组织及其成员间的契约之中，并未就追求这些非特定目的做出说明和解释，那么多数人强制少数人去追求这些目的，如此与严酷的暴政有何差异！

自然来说，如果在这些有明确组织契约以严格限制该组织权力的地方，涉及大多数人权力的观念依然如此混乱，那么在那些没有契约来限制组织权力的地方，涉及大多数人权力的观念则更加混乱。然而，同样的原理一贯如此。我再次强调如下命题：组织的成员各自服从于“大多数人的意志，但是服从的范围仅限在有助于达成组织成员加入组织时所希求的目的，此外无他”。同时，我主张此命题如其适用于公司组织一般，也适用于国家组织。

公开的反驳随之而来：“但是正如国家内部的成员聚集起来的时候并没有形成契约，同样，人们在形成一个团体的时候也未有或未曾有详细列明目的，此时也并不存在限制，因此大多数人的权力是为无限。”

显然，首先我们应当承认，无论是霍布斯式的还是卢梭式的社会契约假设，都毫无根据。其次，我们还需要承认，即使先辈们订立了这样的契约，此契约也无法制约立约者的子嗣。有人认为如果组织契约中缺乏对权力的限制，那么也就无法阻止大多数人通过强力将其意志施加于少数人身上，确实如此，不过我们仍需补充说明：如果多数人的压倒性强力就是正当的话，那么由适当的军队支持起来的独裁者的压倒性强力也可以被认为有其正当理由。这个问题也到此了结。在此处，我们寻找的是更加充分合理的理由来使得少数人服从多数人，而非仅仅是因为人们没有能力抵抗人身性暴力。即使奥斯丁如此急切地想要建立实定法的绝对权威，并且也假定某种形式的绝对主权（君主制、贵族制、宪政制或民主制）是该绝对权威的来源，最终，他还是会乐于承认，凌驾于共同体之上的绝对权威有其道德限制。在追求有关主权的严酷理论之时，奥斯丁坚持源于人民的主权团体“在法律上可以如其所愿或自行其是，以减少人民的政治自由”，但是他也承认“政府在减少其留给人民或者授予人民的政治自由之时，受到实定道德（positive morality）的限制”。[①] 因此，我们不得不为大多数人的绝对权力寻找新的证明，这种证明不再基于人身性暴力，而要具有道德性意涵。

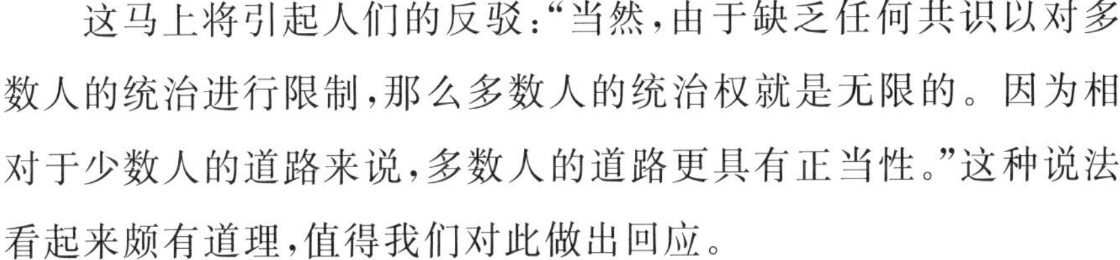

这马上将引起人们的反驳：“当然，由于缺乏任何共识以对多数人的统治进行限制，那么多数人的统治权就是无限的。因为相对于少数人的道路来说，多数人的道路更具有正当性。”这种说法看起来颇有道理，值得我们对此做出回应。

我们可以用同样合理的说法来回应这种说法：“由于缺乏共

① *The Province of Jurisprudence Determined* (second edition), p. 241.

识，多数人凌驾于少数人之上的无上权力也根本不存在。”多数人和少数人之间的那些权力与责任起源于特定的合作；如若没有就合作达成任何共识，那么这些权力和责任也都不存在。

此处的论争显然陷入僵局。就事情现有的条件来说，无论是对多数人的主权来说，还是对限制这种主权来说，都没有道德上的根源。但是进一步的考察将解决这种困境。因为忽略之前所有假定的共识，那些在合作中所达成的共识，在这种情况下如果考问现今公民在实践中会同声共气地达成何种共识，那么这时，我们就会获得充分清晰的答案。该答案告知我们，多数人统治在特定范围之内有充分明晰的正当理由，而在此范围之外，则并不正当。就让我们首先探究一下那些在一开始就显现出的限制。

假设我们现在去问英国人，问他们是否同意在宗教教育上进行合作，并且给予多数人权力来规定宗教的信条和崇拜的形式，大部分人都会强烈地回答道：“不！”如果为了重新确立法律来禁止奢侈，我们问英国人，问他们是否会强制自己去遵守多数人所要求的衣服制式和衣服质地，几乎所有人都会拒绝。现今也有类似的实际问题，如果就所喝的饮料种类来说，我们询问人们，询问他们是否愿意遵从大多数人做出的规定，那么几乎一半甚至超过一半的人都会不情愿。就其他那些行动来说，那些当今被大多数人视为纯粹私人考量的行动来说，情况也同样如此。人们进行合作以求达成或者限制某种欲求，无论这种欲求为何，上述这些强制行动都将难以实现这些欲求。显而易见，我们在开启社会合作之时，或者在同意合作之前对合作目的有所明确之时，就已经有大部分的人类行动被排除在合作范围之外，因此，在这些方面，多数人凌驾于少数人之上的权威也不能被正当地践行。

现在,我们转向相反的问题:就什么样的目的来说,所有人才都会同意进行合作?没有人会否认,为了抵抗侵略,所有人都会在行动上同声共气。贵格会教徒[①]在他们的时代做出了巨大的贡献,但他们现已消亡;除了他们之外,所有人都会联合起来,参与防御性战争(然而他们不会参与进攻性战争)。如此行事,他们也会默许自身联合起来去遵从多数人的意志,以参与行动、达到目的。正如对抗外部的敌人一般,对抗内部的敌人也可以促成人们的共识,开展一致的行动。所有人都必然希望保护自身的人身和财产安全,消灭犯罪。简言之,每个公民都希望保护自身生命,保护那些有助于维系生命和享受生命的财产,并且希望能够保护其使用财产和获得更多财产的自由。显而易见,他无法只身行动来实现所有这些目的。在抵抗外国侵略者之时,除非他能够联合同伴,否则他将十分无力。而在抵抗国内侵犯者之时,如果不进行同样的联合,他也会陷入重负、危险与无能之中。众人还会对另一种合作——对他们栖息的土地进行开发使用——感兴趣。如果原始的公共所有权依然存留的话,那么在原始的公共所有制下,由个人或集体来决定如何使用土地的情况也会有所存留,那么就土地的使用事宜来说,多数人的决定就正当可行,他们可以决定哪一部分土地用于种植粮食,哪一部分用于公共交通,哪一部分用于其他目

① 贵格会(Quakers)也叫教友派(Friends),是宗教改革后新教运动的一支。贵格会教徒一般相信每个人都能经验到内在之光。贵格会教徒一般以如下形象示人:拒绝参与战争、身着素衣、拒绝起誓、反对奴隶制和禁止饮酒。斯宾塞的父亲乔治就曾是贵格会信徒。——译者

的。尽管在现在,私人土地所有权的增长使得土地问题越来越复杂,但是既然国家仍然是最高所有者[每位土地所有者在法律上都不过是君王的承租人(a tenant of the Crown)][1],那么以此,它就能恢复自身对土地的所有权,或授权以公平的价格对土地进行强制购买。这意味着多数人的意志正当可行,可以决定人们如何使用地上的土地和地下的资源这两部分,决定以何种方式和在何种情况下对其加以使用:其中也包括出于公共利益,而与私人或者公司达成特定共识。

此处我们无须赘言细节,也无须讨论上述可以服从多数人的意愿和不可服从这两类事宜之间的界限,更无须多言可以服从之中包含有多少事项,而不可服从中又排除了多少事项。为了当前的目的,我们认清以下不可否认的真理就已经足够,也即当我们询问人们之时,针对大量的行径来说,人们并不会取得一致以受制于多数人的意志;相比之下,就其他一些行径而言,他们几乎都将同声相应,以尊崇多数人意志的限制。此时,我们发现在特定范围内贯彻多数人的意志存在正当的理由,也发现在此范围外拒斥多数人的权威存在正当的理由。

然而显而易见的是,一经分析,这个问题将发展成进一步的疑问:社会与个体之间相对的权利边界是什么?共同体权利在与个体权利发生冲突时,共同体的权利总是合理的吗?或者说个体的有些权利在与共同体的权利发生冲突时,依然有效?我们针对这

① 在英国的普通法体系下,君王(the Crown)是英格兰所有土地的最终所有者,其他人——无论是贵族约克农还是佃农——在名义上都是君王土地的承租人(tenant),这种土地制度也不同于欧洲大陆的封建等级制。——译者

点所给出的判断将为政治信念的整体架构奠基，尤其为那些有关政府正当职能范围的信念奠基。此时，我尝试激活一个熄灭许久的论争，以求获得与当前流行观念并不相符的结论。

杰文斯教授[①]在其《国家与劳动的关系》(*The State in Relation to Labour*)一书中有言："第一步是要将我们的头脑从如下观念中解放出来，该观念认为在社会事物中，有抽象权利这种东西存在。"马修·阿诺德先生[②]在其有关版权的文章中也表达出类似观念："作者对其产出之物并无自然权利，同样，他也对自己可能产出或者可能获得的任何事物都无法享有自然权利。"[③]最近，我读到一本享有盛名的周刊中的一句话："再次说明没有'自然权利'这回事，将会是在哲学上白下功夫。"政治家和法律从业者也普遍持有此处所引述的观点，这也暗示只有没有思考能力的大众才会有不同意见。

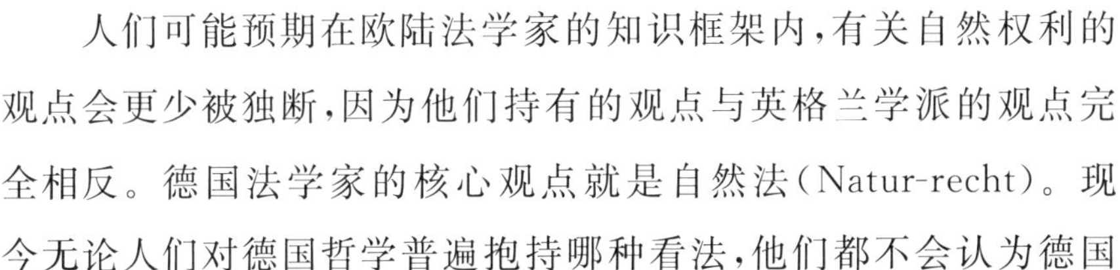

人们可能预期在欧陆法学家的知识框架内，有关自然权利的观点会更少被独断，因为他们持有的观点与英格兰学派的观点完全相反。德国法学家的核心观点就是自然法(Natur-recht)。现今无论人们对德国哲学普遍抱持哪种看法，他们都不会认为德国

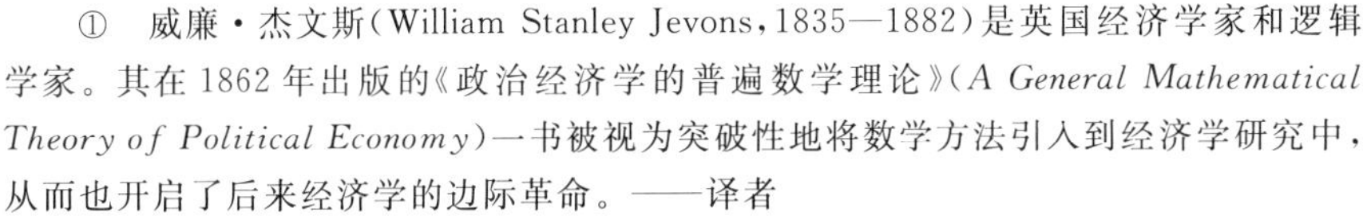

① 威廉·杰文斯(William Stanley Jevons,1835—1882)是英国经济学家和逻辑学家。其在1862年出版的《政治经济学的普遍数学理论》(*A General Mathematical Theory of Political Economy*)一书被视为突破性地将数学方法引入到经济学研究中，从而也开启了后来经济学的边际革命。——译者

② 马修·阿诺德(Matthew Arnold,1822—1888)是英国诗人和文化评论家，也是维多利亚时期著名的"智者作家"(sage writer)，通过讨论当代问题来批评或者教导大众。——译者

③ *Fortnightly Review* in 1880, Vol. xxvii, p. 332.

哲学肤浅。相较于其他民族，德意志民族首先被视为寻根究底者，而他们也绝不会被归到肤浅思想家之流中，所以对他们的学说，人们也不应该视为流俗幻想而加以无视。顺带而言，如上所述，人们在拒斥这条命题之外，实际上还肯定了该命题的对反命题。现在就让我们看看这条对反命题是什么，以及当我们探究该对反命题并为其寻找正当理由之时，会发生何事。

回到边沁[①]，我们发现他公开表达了这条对反命题。他告诉我们政府如是履行职责："政府创制了诸权利并将之赋予个体：人身安全的权利，保护荣誉的权利，享有财产的权利。"[②]如果此信条是从君主的神圣权利中推导出来的，那么并无明显不妥。正如在古代秘鲁，人们认为从印加（Ynca）"此源泉中，万物流溢出来"[③]；或者在阿比西尼亚的肖阿（Shoa），人们认为"国王是所有人和世界万物的绝对主宰"[④]；在达荷美，"所有人都是国王的奴隶"[⑤]。在

① 杰里米·边沁（Jeremy Bentham，1748—1832）是英国哲学家、法学家和社会改革家。边沁认为自己哲学的最根本命题就是"最大多数人的最大幸福是衡量对错的标准"。边沁主张个体权利和经济自由，但是他反对自然法和自然权利学说，认为这两者是"夸张做作的胡说八道"（nonsense upon stilts）。边沁的思想后来也影响了密尔父子和约翰·奥斯丁等人。——译者

② Bentham's Works (Bowring's edition), Vol. I, p. 301.

③ Prescoot, *Conquest of Peru*, bk. i., ch. i.

④ Harris, Highland of Aethiopia, ii. 94.［阿比西尼亚帝国（Abyssinian Empire）也即埃塞俄比亚帝国，在现今东非的埃塞俄比亚和厄立特里亚。阿比西尼亚帝国历史悠久，也是19世纪欧洲瓜分非洲大潮中少有的幸存者。——译者］

⑤ Burton, Mission to Gelele, King of Dahome, i. p. 226.［达荷美王国（Dahomey）是公元1600—1904年存续在西非的王国，在现今的贝宁一带。达荷美王国是该区域的重要势力，其经济系统建立在征服和奴隶的基础之上，建立在与欧洲人的国际贸易之上。达荷美王国有中央性的管理机构、税收体系和组织化的军队。达荷美王国给当时欧洲人留下的典型印象是，一支全部由女战士组成的军队（被称为达荷美的亚马孙女战士，Dahomey Amazons）和大规模人祭的伏都教（Vodun）宗教庆典。——译者］

这些地方，该信条足以自洽。但是边沁并非霍布斯，他不是个绝对主义者，相反，他为大众统治而写作。在他的《宪法典》(*Constitutional Code*)一书中，边沁将主权奠基在全体人民之上，主张最好"将主权尽可能给予最多数人，而他们的最大幸福就是我们正当且明确的目标"，因为"相较于其他人来说，这部分人更可以被期望"能达成此目的。①

此时，我们应该来观察下，当我们合并起这两个信条后，会有何种后果。拥有主权的人民一同授权给他们的代表，从而创制政府。因而，被创制的政府创制了权利。稍后，创制了权利的政府又将这些权利交付给拥有主权的人民，交付给人民中的各个个体，而这些人民恰恰就是政府自身的创制者。如此不可思议的政治诡辩术啊！马修·阿诺德先生在上述文章中主张"财产是法律的创制"，以此使得我们知晓"财产自身不过是一个形而上学的幻影"。当然，在所有幻影中，最神秘莫测的莫过于假设借助创制某个机构，人们获得某种事物，因为该机构创制了该事物，然后该机构又将此事物施舍给机构自身的创制者！

无论我们从何种角度考虑问题，边沁的命题都无法被理解。他说，政府"通过创制权利"来履行职能。此处的"创制"(creating)一词可能有两种意涵，它可能意味着无中生有，也可能意味着给予已经存在之物以形式和结构。许多人都会认为，人们甚至无法设想全能者足以无中生有，而且更没有人会断言人类政府有权能进行无中生有。相反，人们会认为人类政府只有在形塑某种已经存

① Bentham's Work, Vol. ix., p. 97.

在之物的情况下，才能创制该物。这时问题便是："其在形塑的已经存在之物是什么？"显然，"创制"一词使得我们必须提出全部疑惑，从而中止那蒙蔽粗心读者的幻象。边沁是一个对表述的清晰性一丝不苟的人，在他的《谬误集》(*Book of Fallacies*)中就有一章名为"骗子的词汇"("Impostor Terms")。但令人震惊的是，他本身就是不当信念的明显受害者，而这种不当的信念正是由骗子的词汇所造成的。

现在就让我们忽略思想上的各种不通之处，来对边沁的观点做出最合理的阐述。

据称，所有权力和权利的整体性都源于主权人民不可分割的整体性。此不可分割的整体被委托给一个进行统治的权力(正如奥斯丁所言)，主权人民做此行为以求对主权加以配置。正如我们所见，如果"权利是被创制的"这个命题仅仅是一个比方的话，那么对边沁观点唯一的合理解释只会是：众多个体都希望满足各自的欲望，而这些个体组成的集体则拥有满足前述欲望的资源，以及凌驾于个体行动之上的权力，以此，这些个体授权成立一个政府，该政府可以确定个体行动及其欲望满足的方式和条件。让我们来探查这之中的意涵。每个个体都有两种角色。在私人角色中，他从属于政府；而在公共角色中，他是主权人民的一员，授权成立政府。这也就是说，在私人角色中，他属于被赋予权利的众人之一；而在公共角色中，他属于赋予权利的众人之一，这些人通过授权政府来赋权。我们将此种抽象的说法具体化，就可看见其真实意涵。假设一百万人组成一个共同体，这一百万人不仅仅是此居住地的共同享有者，而且也是行动自由和财产自由的共同享有者：而此时唯一被承认的权利就是集体享受所有物品。这将如何？那将使得每个人都并不拥有自身劳动所得的任何产品，但是同时每个人作为主权团体的一分子，对其他所有人的劳动产品，都享有百万分之一的部分。这是无可避免的推论。在边沁的观点中，政府所赋予的权利是主权人民委托给它的权利，所以政府不过是一个中介机构。如果真是如此，那么此种权利在被赋予政府之前，已由主权人民整体享有，而政府为了履行委托责任，又将这些权利赋予个体；同样的，如果真是如此，那么作为公共角色，每个个体享有这些权利的百万分之一，而作为私人角色，他们不享有任何权利。只有当其他一百万人聚集起来并同意他加入他们时，他才享有权利；同时，他的加入也使得这一百万人享有权利。

因此，无论我们如何解释，边沁的命题都会将我们带入十分荒谬的境地。

即使边沁的信徒忽视德国法学家的对立观点，即使他们无法进行分析以证明自身观点的无理，他们至少也可以减少自身对自然权利学说的傲慢态度，因为各式各样的社会现象都在一同证明自然权利说有正当的依据，而他们所提出的反对理由却并无道理。

来自世界各地的部落的例子向我们表明，在明确的政府形态产生之前，人们的行动受到习俗的制约。贝专纳人受到“长期公认的习俗”的限制。[①] 卡瓦纳的霍屯都人“与其说是服从他们的首

① Burchell W. J., *Travels in the Interior of South Africa*, Vol. I, p. 544.［贝专纳保护国(The Bechuanaland Protectorate)是英国19世纪在南部非洲建立的一个保护国，是现今博茨瓦纳共和国的前身，其主体族群是讲班图语的茨瓦纳人。——译者］

领，不如说是仅仅容忍他们的首领”[①]，“当古老的规定离轨之时，每个人都按照眼中自认为正确的方式行事”[②]。阿劳干人认为“没有什么比原始的规定和默认的习俗更为重要”[③]，并以此行事。在吉尔吉斯人（Kirghizes）中，长者的判断建立在“普遍认可的习俗”[④]之上。迪亚克人也是如此，砂拉越的拉者布鲁克告诉我们：“习俗似乎完全变成法律，而违反习俗之人将被处以罚金。”[⑤]原始人认为远古的习俗如此神圣，以至于他们从未想过质疑其权威。而且当政府成立之后，政府权力也受到习俗的制约。在马达加斯加，国王的命令只在“没有法律、习俗和先例的地方有效”[⑥]。来福士告诉我们，在爪哇，“国家的习俗”[⑦]制约统治者的意志。在苏门

① Arbousset and Daumas, *Voyage of Exploration*, p. 27.［霍屯都人（Hottentot）在历史上被用于指称居住在非洲南部的非班图族的游牧族群。非洲南部的非班图族族群传统上被分为采集狩猎的桑族人（foraging San），也即布须曼人（Bushman），和游牧的科伊人（pastoral Khoi），也即霍屯都人，所以这群人也被统称为科伊桑人（Khoi-San）。——译者］

② G. Thompson, *Travels and Adventures in Southern Africa*, Vol. ii, p. 30.

③ Thompson, G. A., *Alcedo's Geographical and Historical Dictionary of America*, Vol. I, p. 405.［历史上，西班牙殖民者将马普切人（Mapuche）称为阿劳干人（Araucanians）。马普切人是现今生活在智利中南部和阿根廷西南部的原住民的统称。马普切人以农业为生，其传统社会组织是扩大化的家庭，由首领（lonko）主导，在战时他们会形成更多的团体并选出“持斧人”（toki）来进行领导。——译者］

④ Mitchell, Alex., *Siberian Overland Route*, p. 248.

⑤ Brooke, C., *Ten Years in Saráwak*, Vol. I, p. 129.［詹姆斯·布鲁克爵士（James Brooke，1803—1868）是英国探险家，他是砂拉越（Sarawak，今属婆罗洲）的第一位白人拉者（Rajah，也即酋长），在位时间从1841年至1868年。迪亚克人（Dyaks）是生活在婆罗洲中部和南部河谷与丘陵地区200多个族群的统称。——译者］

⑥ Ellis, *History of Madagascar*, Vol. i, p. 377.

⑦ Raffles, Sir T. S., *History of Java*, Vol. i, 274.［托马斯·来福士（Thomas Raffles，1781—1826）是英国远东殖民帝国的奠基人之一，把新加坡建设成了欧亚之间的重要国际港口。来福士长期在远东经略苏门答腊和爪哇等地，著有《爪哇史》（*History of Java*）一书。——译者］

答腊，人们不许他们的首领去“改变他们的远古规定”[①]。同样，在阿散蒂，曾经有个国王“试图改变习俗，最终导致自己退位”[②]。在那些前政府时期的习俗中，或是在政府权力确立之后，制约政府权力的那些习俗中，都有对某些个体权利的承认，承认个体有权利以特定方式行动以及拥有特定物品。尽管有些地方对财产权承认不多，但也总会承认人们对武器、工具和个人饰品的占有，通常来说，这些承认还会远超此范围。北美印第安人中的蛇部落（The Snakes）并没有政府，但人们可以私人占有马匹。齐佩瓦人“没有稳定的政府”，但是落入陷阱的猎物“被视作私人所有”。[③] 在有关阿塔斯人[④]、科曼奇人[⑤]、因纽特人和巴西印第安人的描述中，我们

① Marsden, W., *History of Sumatra*, p. 217.

② Beecham, J., *Ashantee and the Gold Coast*, p. 90.[阿散蒂人是现今居住在西非加纳阿散蒂一带的族群，他们曾经于 1670 年在此建立起阿散蒂帝国（Ashanti Empire）。在 19 世纪，阿散蒂帝国曾与英帝国发生四次战争。——译者]

③ Schoolcraft, H. R., *Expedition to the Sources of the Mississippi River*, v., 177.[齐佩瓦人（Chippewayans）是居住在加拿大地区的本地居民，其语言属于阿萨巴斯卡语族（Athabaskan Language）。齐佩瓦人大部分以游牧为生，小规模聚居并住在圆锥形帐篷中，多穿连身裤和莫卡辛鞋。在 18 世纪与英国冒险家接触后，开始以贸易为生，用极地附近出产的货物来获取后者的金属和枪支。——译者]

④ 阿塔斯人（Ath）也即努特卡人（Nuu-chah-nulth），是居住在现今加拿大太平洋西北岸一带的印第安人。努特卡人曾经用于指称祖居在温哥华岛西岸的 15 个相关部落，努特卡语属于瓦卡什语系（Wakashan Language Family）。1778 年，库克船长（James Cook）第一次遇见努特卡人的时候，努特卡人带他“转一转”（nuutkaa）并将他的船引入港湾。库克就将（nuutkaa）理解为本地人对该港湾的称呼，后来这个港湾就被称为努特卡湾（Nootka Sound）。——译者

⑤ 科曼奇人（Comanche）是一支居住在现今美国大平原一带的印第安族群，其使用的语言属于犹他-阿兹特克语系（Uto-Aztecan Language Family）下的努米语（Numic Language）。在 18—19 世纪，他们成为大平原地区的主导部落，与周边的各路欧洲势力和本地部落进行贸易与征战。——译者

看到一些事实，看到私人占有棚屋、生活用品和其他个人物品。在众多未开化的人群中，习俗尽管没有承认土地所有权，但是对该块土地上种植出来的庄稼的所有权则给予承认。托达人①完全没有政治组织，但他们明确划分出牲畜和土地的所有权。科尔夫论述道“和平的阿拉弗拉海地区的人”为我们提供了很好的证据，他们“依据先辈的习俗，完全承认“财产权”这个词汇的完整意义，而在他们之中，除了长者的决策外并无其他权威”②。我们先不在未开化的人群中寻找证据，因为在文明开化的早期阶段，我们就已经有足够多的证据。边沁和他的同伴似乎忘记我们的普通法就是“本国习俗”的主要体现。普通法不过是给予已发现的存在之物以明确的形式。因此，他们构建的幻想与事实完全相悖。事实就是财产权在法律确立以前就已经得到广泛的承认，而他们却幻想着“财产权由法律创制”。

只要他们正确地考虑另一些事实的意义，那么这些思忖就可能会让他们有所止步。如果正如边沁所言，政府通过“创制权利并

① 托达人(Toda)是一支居住在现今印度泰米尔纳德邦尼尔吉里丘陵区，说着德拉威语(Dravidian Language)的族群。虽然托达人人口在印度的占比不多，但是自19世纪以来，托达人因与其周边族群在外貌和风俗上的不同而倍受人类学家和语言学家的关注，对其的研究也促进了当时社会人类学和民族音乐学的发展。——译者

② Earl's *Kolff's Voyage of the Domga*, p. 161.[阿拉弗拉海(the Arafura Sea)位于澳大利亚和印度尼西亚新几内亚湾之间。1824年，英国人在梅尔维尔岛附近建立一个小型定居点(现今靠近澳大利亚达尔文市)，以求与荷兰人所有的阿鲁群岛进行贸易。而后英国人派出的船只被当地人洗劫，船员遭戮。为调查此事，荷兰人派出“多尔加号”(Dourga，斯宾塞误作Dogma)环绕这一带海域，调查了摩鹿加群岛、爪哇海、新几内亚等地。迪尔克·科尔夫(Dirk Hendrik Kolff，1800—1843)记录了此次调查，乔治·温莎伯爵(George Samuel Windsor，1813—1865)在1840年将此书翻译为英文。——译者]

赋予个体”来履行职能，那么这也意味着不同的政府所赋予的权利将没有任何一致性。由于缺乏决定性因素来影响这些政府的决策，这些政府的决策应该更为多元而非趋向于可见的一致。但是这些决策具有极大的一致性。试看一下，我们会发现政府总是干预同种性质的侵略行为，这也暗示着政府在承认同样性质的权利。政府总是禁止杀人、偷窃和通奸，因此政府也承认公民不应该被特定行径侵犯。随着社会的进步，少数个体的权利也受到保护，也即当他们受到违约、诽谤、作伪证等行径的侵犯之时，可以获得补偿。简言之，通过比较表明，法律条款尽管因为日渐繁复而在细节之处有诸多不同，但其在基础上有一致性。由此证明什么？它们的一致性不可能是偶然。它们之所以一致是因为所谓创制出来的权利不过是对已有权利进行宣称和承认而已，给予它们更为正式的授权和更为明确的定义。这些已有的权利也不过是自然地起源于人们的个体欲望，起源于这些个体不得不与他人生活在一起的事实。

比较社会学揭示了另一类有相同意涵的事实。随着社会的进步，国家的事务也逐渐增重，国家不仅仅要对人们的权利进行正式授权，而且也要捍卫这些权利，以防其被侵犯。在长期性的政府出现之前，甚至许多情况下在政府有了长足发展之后，每个个体的权利都还是由个体自身或者其家族来加以主张或维护的。无论是在现今的许多原始部落中，抑或是在过去的文明社会中，甚至是在如今欧洲的某些落后地区，惩罚谋杀不过是一件私人事务，“为血亲复仇的神圣责任”在一连串亲属中的某些人间传递。同样的，对侵犯财产或者其他类型的侵犯行径进行索赔，在早期的社会中，都由受害者个人及其家庭独自承担。然而，伴随着社会组织的发展，集中性的统治权力越来越多地承担起责任，来保护个体的人身和财产安全，并且在某种程度上保护契约所赋予个体的权利。起先，政府仅仅专门地考虑保护社会的整体性，使之足以对抗其他社会；随后，政府愈发转向保护社会中的个体，使其不受其他个体的侵犯。我们必须提醒人们回忆起过去的时光，那时人们经常携带武器；我们也要提醒人们铭记在现今的时代，公民的人身和财产得到更加安全的保护（这源自警察权的改善）；我们也提醒人们注意现在收回小额债务越发便利；我们更要让大家看到保证每个个体不受限制地追求自己的生活目标（除非受到他者同等行动的限制），这越来越被视为政府的职责所在。换言之，伴随着社会的进步，人们不仅仅更透彻地认识到我们所谓的自然权利，而且政府也更加有效地保护起这些权利：政府变得越来越服务于个体福利，为之提供各种必需的先决条件。

伴随此事出现的相关变化也愈发重要。在早期，国家不但无法保护个体不受侵犯，同时政府本身在诸多方面就是加害者。那些发展到足以留下文字记录的古代社会全都是进行征服的社会，这些社会在各处都展现出了军事体制（militant régime）的特征。为了有效组织战斗团体，士兵必须绝对服从、令行禁止。同样的，为了有效组织战斗社会，公民必须牺牲自身的个体性。公共权利凌驾于私人权利之上，臣民失去行动的自由。结果之一就是军事编组体系（the system of regimentation）在社会中就像其在军队中那般盛行，造成对行动的复杂管制。统治者的命令被归根于统治者的神圣祖先而得到正当化，从而也不受任何有关个体自由概念的限制。这些命令以事无巨细的方式，对人们的行动做出详尽规定，细致到食物的种类和烹调方式、面包的形状、连衣裙的裙摆、谷物的播种等等。这种无所不在的控制既广泛地出现在古代东方国家，很大程度上也展现在希腊人那里，并在最为军事化的城邦（斯巴达）那里，体现得最为极致。类似的情况也出现在欧洲中世纪，欧洲中世纪的特征就是长期的战争状态以及与之相适应的政治形态和政治理想，此时，政府的管制几乎不受任何限制：对农业、手工业和商贸进行详尽的管制；强制宗教信仰和宗教服从；统治者规定何人可穿戴毛皮、使用白银、出版图书、养殖信鸽……但是随着生产活动的增多，这意味着契约体制取代身份体制，同时促进合作的情感也得到增强，随后对人们行动的干预也逐步减少，直至最近历史的反动才伴随有军事活动的回潮。立法逐渐放弃对土地种植的限制，放弃对牲畜数量和土地面积的比率进行规定，放弃对制造方式和原材料的使用进行详细限定，放弃固定工资和固定价格，放弃干预人们的着装和游戏（赌博除外），放弃对进出口进行限制和惩罚，放弃对人们的政治与宗教信仰进行强制，放弃阻止人们的自愿结社，放弃禁止人们的自由旅行。这也就是说，在大部分行动中，公民享有不受限制的自由行动的权利，以此抗衡国家对其行动的控制。一方面，统治机构帮助公民摆脱入侵者对其私人领域的侵犯，使得他能够在这个领域追求自己的生活目标；另一方面，统治机构也从该领域撤出，换言之，统治机构也减少自身的侵犯行径。

我们并未穷尽说明此等道理的所有繁多事实。法律自身的提高与改革更是重新证明此理，同样的，那些推行法律之人的承认和宣称也如此。波洛克教授说道：“我们发现，早在15世纪，就有一位普通法法官宣称，如果出现已知规则未曾涵盖的案件，市民和正统法学家就会根据'作为万法之本的自然法'来发明一条新规则，威斯敏斯特法庭同样能够并且愿意如此行事。"[①]再者，我们引入和发展衡平法体系(system of equity)也是为了弥补普通法(common law)的不足，或者为了纠正其所造成的不公，而衡平法承认人们的权利在法律授权之外仍可独立存在。现今，法律因公众的抵抗而不时发生改变，法律的变革同样出于人们对正义的追求，这也是当前流行的观念：正义的观念并非源自法律，反而不同于法律。举例来说，当前的法案给予已婚妇女以财产权，让她们享有自身所得，这明显是因为人们意识到劳动的付出与应当享有的所得这两者之间存在自然联系，而且在所有情况下，该自然联系都应该成立。此种法律改革并没有创制权利，相反，对权利的承认推动了法律的改革。

因此，五种不同种类的历史证据汇聚在一起，共同教导我们说，有关权利的通俗观念含混不清，这里面包含众多本应该被厘清的错误，纵然如此，这些观念仍然暗示出某种真理。

现今，我们仍待考察此条真理的源头。在先前文章中，我曾谈及那个公开的秘密。这个公开的秘密就是：如果我们将任何社会现象分析到底，就会发现没有一种社会现象不基于生命法则。如果不涉及生命法则也就无法真正理解社会现象。就让我们将有关

---

① "The Methods of Jurisprudence: An Introductory Lecture at University College, London", October. 31, 1882.[弗雷德里克·波洛克爵士(Frederick Pollock, 1845—1937)是英国法学家，曾执掌牛津大学法学教席(the Corpus Professor of Jurisprudence)和伦敦四大律师学院的普通法教席。他还与弗雷德里克·梅特兰(Frederic William Maitland, 1850—1906)合著有《爱德华一世以前的英格兰法律史》(*History of English Law Before the Time of Edward I*)一书。——译者]

自然权利的问题从政治学法庭上转诉到科学法庭上，转诉到生命科学的法庭上。读者对此无须惊慌：了解完该领域最简单和最明显的事实就足以说明问题。首先，我们将会考虑个体生命的普遍存在条件，然后是社会生命的普遍存在条件。我们将发现这两者都会得出相同的结论。

动物的生命总处在消耗中，有消耗必有恢复，恢复需要营养。再者，获取营养意味着要获取食物。如果没有抓取的能力或者运动的能力，那就无法获得食物。如果那些能力要能达到其目的，就必须能被自由地使用。如果你把一只哺乳动物禁闭在一个狭小的空间中，或者把它的四肢捆绑在一起，或者夺去它所获得的食物，如果这些或者类似的做法持续过久，最终你将造成该哺乳动物的死亡。就此，阻碍这些需求的实现最为致命。普遍适用于较高级的动物的种种真理，当然也适用于人类。

如若我们接受悲观论这条信念，随之认为生命在大体上不过是苦难，从而应当尽早结束，那么针对那些维持生命的行动，我们并无法提供伦理的证明：这时整个问题也就失去意义。然而，如果我们接受乐观论或者改良论——如果我们认为生命在整体上快乐多于痛苦，或者说在生命进程中，产生出来的快乐将多过痛苦，那么维持生命的行动就可以得到证明，而且我们还可以为自由地履行这些行动提供证明。那些相信生命有其价值之人，也隐含着可能持有以下观点：不应该阻止人们的维生活动。换言之，如果说他们应当进行自我维生，这种行动是“正确的”(right)，那么我们也可以宣称他们“有权利”(have a right)去自我维生。显然，“自然权利”这个概念产生于对此种真理的认识：如果生命有正当理由，那么对保存生命起至关重要作用的行动来说，我们必然也可以证明其有正当性。因此，就使得这些行动得以可能的自由与权利而言，我们也可以提供正当的理由。

尽管此条命题适用于其他受造生物，也适用于人类，但是此处还缺乏伦理维度。在自我维生之时，个体何事可为与何事不可为，唯有我们对此划出界限时，伦理维度才出现。这种界限明显起源于同胞的存在。无论个体与其同胞紧密接触还是保持一段距离，每个个体的行动都容易干扰到其他个体的行动。由于我们无法证明有些个体可以任意行事而不受限制，而另一些个体不可如此行事，那么相互之间的界限就是为必要。当我们认识到以下两者的不同之时，也即有些行动可以进行而无须逾越界限，而有些行动则不如此，那么本无伦理维度的追求各种目的的权利，也就带有了伦理维度。

倘若我们研究未开化人群的行动，这个先验的结论也将带来后验的成果。在最原始的形式中，对行动范围的相互限制及其相关的观念和情感，表现为族群之间的相互关系。通常来说，土地之间会有明确分界，在此界限内每个部落获取其生存所需；当有人对此有所不敬之时，人们就会保护这些界限。生活在丛林中的维达人没有政治组织，每个小宗族拥有各自的森林地块，“大家也尊重和承认这些传统的土地分配”[1]。在塔斯马尼亚岛上未受统治的

---

① Tennant, *Ceylon: An Account of the Island*, c., ii. 440.［维达人（Vedda）是居住在斯里兰卡地区的本地少数族群，一般被视为最先居住在斯里兰卡的人。维达人起初以采集狩猎为生，也有些维达人以种植为业，而居住在海岸地区的维达人也会以海洋渔业为生。——译者］

部落那里，我们得知“他们的狩猎场所被全数划定，入侵者也会遭受攻击”[1]。显而易见，入侵他者的土地会导致部落之间产生争端，长此以往，部落会固定边界，并且给予这些边界以明确的承认。不仅每个居住空间如此划分，每个居民也被如此划分。甲部落死了一人，其死亡或对或错地被归结到乙部落的某人头上，那么也将促使甲部落履行“为血亲复仇的神圣责任”。因此，尽管相互报复经常发生，但对新的侵犯仍然有所限制。在文明社会的早期阶段，相同的原因也造成同样的结果，那个时代，家庭（family）或者氏族（clan）而非个体才是政治的单位，那时每个家庭和氏族也需要与其他家庭和氏族对抗，来保存自身及其所有物。在这种小型共同体之间自然产生的相互制约，同样也在每个共同体内部的个体之间产生。此中，适用于前者的观念与习惯也或多或少适用于后者。尽管在每个群体内部，较强者总是倾向于侵犯较弱者，但是在大部分情况下，人们会意识到侵犯行为的恶果，并对此加以限制。在各个原始民族那里，侵犯总是伴随着反侵犯。特纳曾如此描述塔纳人，“通奸和其他罪行因为对暴力统治的恐惧而有所收敛”[2]。菲茨罗伊告诉我们，在巴塔哥尼亚人那里，“如果他没有伤害或者侵

① Bonwick, J., *Daily Life and Origin of the Tasmanians*, 83.［塔斯马尼亚岛（Tasmania）地处澳大利亚南端，现为澳大利亚的一个州，塔斯马尼亚岛上族群较多。1825年，范迪门斯地（Van Diemen's Land）从南威尔士中分离出来成为一个独立的殖民地，而后在1856年改名为塔斯马尼亚。——译者］

② *Polynesia*, p. 86.［塔纳岛（Tanna）现今属于瓦努阿图这个南太平洋岛国的塔菲亚省，其居民多为美拉尼西亚人。库克船长曾在1774年到达此地，成为第一个到访这里的欧洲人，并把该海岛东南端的港湾命名为奋进港（Port Resolution）以纪念自己的船只“奋进号”（HMS Resolution）。19世纪以后，贸易商和传教士陆续来到，但是相较于周边岛民，塔纳人还是更加坚持自己的传统，较少改信新教。——译者］

犯他的邻居，他也不会被他人干预”[①]。私人复仇就是对伤害的惩处。我们知道乌佩斯地区的“人们少有任何形式的法律，但是他们有残酷的报复——以眼还眼，以牙还牙”[②]。显而易见，这种同态复仇法(lex talionis)是在尝试为共同体成员划出安全可为之事和不可为之事两者间的界限，从而对那些在合理限度内的行动加以授权，而排除其外之事。斯库克拉夫特(Schoolcraft)对齐佩瓦人如此描述，“他们没有稳定的政府，每个男人都是一家之主，他们或多或少还是受到特定原则的影响，该原则有助于他们的普遍利益”[③]：他说其中一条原则就是承认私有财产。

至于从这种活动范围间的相互制约中如何产生“自然权利”这

① *Voyages of the Adventure and Beagle*, ii. 167.［巴塔哥尼亚是南美洲南端的荒芜之地，西接太平洋，东临大西洋，现为阿根廷和智利所共有。巴塔哥尼亚的本地人为各式各样的部落民，西北端的本地人以农业种植为生，其余地区则以采集狩猎为生，在西班牙人到来后，西北端居民开始学会在马背上生活。在19世纪智利和阿根廷独立后，两国开始向此地进发，从而导致原住民锐减。因为其特殊的地理位置，英国人在19世纪对此地进行了两次水道测量学调查，第一次是1826—1830年间在菲利普·金(Philip Parker King)带领下由英国海军“冒险号”(HMS Adventure)和“小猎犬号”(HMS Beagle)实行的调查；而第二次则是在1832—1836年间由罗伯特·菲茨罗伊(Robert FitzRoy, 1805—1865)组织的调查，这次调查也就是著名的达尔文的“小猎犬号之旅”。——译者］

② Wallace, A. R., *Travels on Amazon and Rio Negro*, p. 499.［乌佩斯河(Uaupés River)是南美内格罗河的支流，也是现今哥伦比亚和巴西亚马孙州的分界线，在此分界线处，乌佩斯河与帕普尔河(Papurí River)融汇在一起，形成乌佩斯地区。——译者］

③ Schoolcraft, *Expedition to the Sources of the Mississippi*, v., 177.［亨利·斯库克拉夫特(Henry Schoolcraft, 1793—1864)是美国地理学家和民族学家，以其早期对美洲本土文化的研究而闻名。1832年他考察了密西西比河的源头，1846年受国会委托开启了一项大型调查，后来调查成果出版成六卷本的《美国的印第安部落》(*Indian Tribes of the United States*)一书。——译者］

个短语所暗示的观念和情感，我们可以在少数保有和平的部落那里清晰见到这个过程，这些少数的部落可能有名义上的政府或者根本没有政府。在托达人、桑塔尔人[①]、雷布查人[②]、博多人[③]、查克马人[④]、雅贡人[⑤]、阿拉弗拉人等部落那里，我们就可以看到社会内部成员相互尊重彼此权利的情况。此外，完全未开化的生活在丛林中的维达人也根本没有任何社会组织，但他们"完全无法想象任何人可以占有不属于自身的东西，或者袭击他的同伴，乃至撒谎"[⑥]。因此显而易见，从原因分析和事实观察这两方面来说，人

① 桑塔尔人(Santal)是居住在现今印度和孟加拉国地区的本地族群，他们所使用的语言属于奥亚语系(Austro-Asiatic Language)中的蒙达语(Munda)。——译者

② 雷布查人(Lepcha)主要是散布在现今印度锡金和尼泊尔一带的本土居民，雷布查语属于藏缅语族。Lepcha 一词被认为是 Lepche 这个尼泊尔词的英语化，意思为"卑鄙的说话人"或者"拙于言辞"。雷布查人以氏族为基本单位，每个氏族都尊崇自己的神圣山川，并以之为名。——译者

③ 博多人(Bodo)是印度阿萨姆邦人数最多的族群，其所属的博多-卡查里人(Bodo-Kachari)广布在印度地区东北部，博多语也属于藏缅语族。——译者

④ 查克马人(Chakma)是分布在印度次大陆最东端的本土族群，具体分布在孟加拉国东南部和印度东北部。其外貌与东亚人较为相似，但是查克马语属于印度-雅利安语系。查克马人分属于 46 个氏族(Gozas)，由其拉者(Raja)统领，在历史上，这些拉者的领导地位也受到英属印度政府和孟加拉国政府的承认。——译者

⑤ 雅贡人(Jakun)是居住在现今马来西亚马来半岛的本土族群，该族群与马来族群有紧密关联，可能也是原马来人(Proto-Malay)的分支，雅贡语属于马来-波利尼西亚语族(Malayo-Polynesian Languages Group)。19 世纪，华莱士(Alfred Russel Wallace, 1823—1913)在考察完此地后，将他们称为"原始马来人"(savage Malays)，就连马来族群本身也对雅贡人少有了解。Jakun 一词本身带有贬义，意思为"奴隶"。华莱士是英国博物学家，曾长期在亚马孙地区和马来群岛进行考察，著有《亚马孙和内格罗之旅》(*Travels on Amazon and Rio Negro*)和《马来群岛》(*Malay Archipelago*)等著作，华莱士也被认为与达尔文一同发现了演化论。——译者

⑥ B. F. Hartshorne, *Fortnightly Review*, March, 1876. See also H. C. Sirr, *Ceylon and the Ceylonese*, ii. 219.

们有权利进行自我维生活动，这种权利的进取面向源自生命法则，而其限制面向在于此等权利带有伦理维度，这也源自社会集聚所产生的社会条件。

所以，人们声称权利由政府创制，然而这并非真理，相反，在政府成立之前，权利就已经或多或少地存在，随着政府的发展与军事活动的兴起，权利日渐模糊，因为这两者通过捕获奴隶和建立等级，促进了身份体制的发展。人们可以再度对权利形成清晰的认识，这也只有在军事活动日渐消亡和政府权力衰退之后才有可能。

当我们从个体的生命转向社会的生命时，我们也可以吸取同样的教训。

虽然原始人很少有同胞之爱以促使他们聚群而居，但是他们聚集的主要推动力还是他们体验到的合作带来的好处。在何种条件下，合作才可以达成？显然，这种条件不过是通过合作，那些加入者各自有所获得。在最简单的情况下，如果因为某项目标无法由个体独自达成或者由个体不易达成，从而人们联合起来以求达到该目标，那么合作者必然默认，他们需要共享收益（正如大家捕获猎物之时）；如果有人先行获得了所有收益（正如在建筑棚屋或者清理耕地之时），那么其他人也会在轮到他们的时候，各自获得等价的收益。除了合作以达成此等目标之外，人们也在促成各种各样的事情。劳动分工出现后，商品交换也兴盛起来，此时交换体系也建立起来，这意味着每个人都可以将自己的多余之物交换出去，并换取他所需的等价物。如果他交付某件物品而没有获得另一件物品，那么将来他也不会再对交换请求有所响应。这也会导致人们退回到自给自足的最原始境地中。因此合作的可能性取决于契约的履行,无论是公开履行还是默认履行。

如今我们可见,发展生产组织的第一步就在于或多或少全面性地发展契约关系,而社会的整体生命存续也取决于生产组织。组织的军事形态以及常年战争带来的身份体制极大阻碍了契约关系的发展,但是契约关系依然部分地起作用:自由人和小型团体的首领之间依然奉行着契约关系(而这些小型团体是早期社会的基本单元)。在某种程度上,小型团体内部也是这种契约关系。人们以团体的形式生存下来,这意味着人们认识到团体成员的权利,即使是奴隶也可以通过交换自身的劳动来获得足够的食物、衣物和保护。当战争减少和贸易增长后,自愿合作越来越多地取代强制合作,社会生活的维持也通过契约来实现。即便契约有时会部分停滞,但也会逐渐恢复,其恢复也使得复杂且大型的生产性组织有可能出现,以此,一个大型的国家也得以维系。

因为随着契约的订立不被阻碍,契约的执行也将确定无疑,相应的经济十分迅猛地增长,社会生活也将丰富多彩。现今,违约的恶果已经不再单纯由定约的双方所承受。在高级社会中,违约的恶果由生产商和批发商这些阶层来承担,这些劳动分工所造就的阶层来承担,而最终恶果也落在每个人头上。试问一下,什么情况使得伯明翰郡能够驱使自己致力于制造五金器具,而斯塔福德郡的部分地区努力制造陶器,兰开夏郡则尽力纺织棉花?试问一下,为何农民能够全身心从事特定的事情,可以在此处种小麦,在彼处牧牛?这些团体之所以能各自安业,只能是因为他们每个人都可以与他人进行交换,用自己的多余之物等价地换得他人的多余之物。人们的交换不再直接以物易物，他们通过货币来间接获得他人产品中的等价份额。如果我们追问每个处于分工中的生产者如何能够获得恰当份额的所需货币，答案不过是——通过履行契约。如果利兹市专门从事羊毛制造并履行契约，却未能从农业地区获得必要数量的食物，那么利兹市就会遭受饥荒，从而放弃生产羊毛。如果南威尔士冶铁，却未能与别地达成一致获得织物以制衣，那么它的产业也将消亡。这种现象如此普遍，在宏观上或者微观上皆可见到。无论在社会性组织中还是在个体性组织的内部，我们都可以见到各个部分之间的相互依赖，唯有在如下条件中，这种相互依赖才有可能：当各个部分调整自身以专门地适应某项特定工作之后，它们还能获得所需的原料来进行自我恢复与增长，这些原料由剩余的所有部分合力来供给，而原料的份额也由协商来确定。此外，通过履行契约，所有各种各样的供需达到均衡，正如餐刀可以大量生产，而柳叶刀则产量不多；小麦产量增长迅猛，而芥菜籽产量增加不多。每种商品的过度生产都会受到抑制，因为当产量超过一定数额后，没有人会再继续购买该商品，毕竟此商品的产值已经足额。同样的，当人们生产社会所不需要的物品时，契约也会阻止劳动的无谓消耗。

最后，我们需要注意一个更为重要的事实：只有在自由定约和强制履约的情况下，当共同体需要更多特定的劳动之时，劳动者中的分工团体才能茁壮成长。因为缺少原材料，兰开夏郡无法提供通常足量的棉花产品，此时，如果我们干预契约，阻止约克郡因为需求的增长而对羊毛索要更高的价格，那么这将导致人们没有动力投入更多的资本到羊毛纺织业中去，从而导致机器总量和雇员

数量不再增长，羊毛产量也无增进，结果就是棉花短缺无法通过羊毛增产来补足，而整个共同体也将遭受损失。如果阻止国民与他人自由定约，那么整个国家将遭受严重的损失，这种情况也可以用英法两国的铁路产业作为例子来说明。尽管一开始立法机构中的阶级统治造成了一定的阻碍，但是这种阻碍并没有阻止资本家的投资、工程师的管理和承包商的工作。投资得到的高额利润、承包商获得的巨大收益、工程师收获的巨额工资，凡此种种都将人们的金钱、精力和才能集聚到铁路建设中，这也极大发展了我们的铁路系统，造就了我们国家的巨大繁荣。然而，法国公共工程部大臣梯也尔先生[1]来我国视察铁路，在离开之时他对带领他巡查的维尼奥莱斯先生（Mr. Vignoles）[2]说，“我不认为铁路能在法国推行”[3]，因为政策阻碍了自由契约，这造成了法国在建造铁路时，经历了“8到10年”物质上的耽搁。

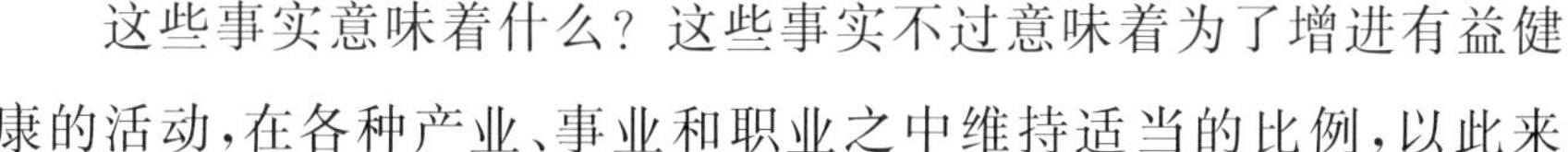

这些事实意味着什么？这些事实不过意味着为了增进有益健康的活动，在各种产业、事业和职业之中维持适当的比例，以此来

① 阿道夫·梯也尔（Louis-Adolphe Thiers，1797—1877）是法国政治家和历史学家，曾当选法兰西第三共和国首任总统，是法国19世纪重要的政治人物，在奥尔良王朝时期，他多次出任各部大臣。梯也尔同时也是一位杰出的历史学者，对法国大革命和波拿巴时代多有著述，1834年被选入法兰西学院。——译者

② 查尔斯·维尼奥莱斯（Charles Blacker Vignoles，1793—1875）是英国著名的铁路工程师。早年参与英国铁路建设大潮，而后也在英美和欧陆各地主持铁路事务。他是伦敦大学学院的第一位土木工程教授，曾担任英国土木工程师学会主席，也入选过皇家学会。1836年维尼奥莱斯曾经主张使用平底铁路钢轨（flat-bottomed rail），而英国在当时则多使用凸头型铁路钢轨（bullhead），后来为了纪念维尼奥莱斯，平底铁路钢轨也被称为维尼奥莱斯钢轨（Vignoles rail）。——译者

③ Address of C. B. Vignoles, Esq., F.R.S., on his Election as President of the Institution of Civil Engineers, Session 1869-1870, p. 53.

维系和帮扶社会性的生命活动，对此我们首先必须减少限制，让人们可以享有自由与他人定约；其次，我们也必须强制定约者履行契约。正如我们所见，当人们联合起来之时，对每个人行动的自然限制只能是那些源自个体之间的相互限制；所以，他们的自愿定约不受限制——干预他们的自由定约就是干预他们自由行动的权利，自由行动的权利是每个人固有的权利，只要他完全认识到他人也享有同样的权利。同样正如我们所见，保护他们的权利意味着强制人们履行已经订立的契约，因为违反契约就是对权利的间接侵害。如果柜台这边的顾客要求柜台那边的店主给予他价值一先令的商品，当店主转身的时候，顾客却携带商品离去，没有留下契约中默认要付出的先令，顾客的行径在本质上与抢劫无异。在此等例子中，个体被剥夺所有之物，而没有得到其所想要的等价回报，此时，他付出劳动而无收益，这也破坏了他维持生命的必要条件。

因此，我们承认和保护个体权利，同时也就是承认和保护正常的社会生命。这是维护个体生命和社会生命的关键要求。

在转向那些可应用于实践的推论之前，让我们先来看看此处得出的个别结论，如何能够融汇成一个普遍的结论，融汇成那个之前我们已经预见的结论——我们就来回顾一下这些结论。

我们已然发现，个体生命的先决条件在双重意义上都是社会生命的先决条件。整个社会的生命活动，无论就此两种意义中的哪一方面来说，都取决于对个体权利的维系。如果社会的生命活动不过是公民生命活动的总和，那么上述推论也显而易见。如果社会的生命活动还由许多其他活动构成，也即由公民之间相互依赖的活动构成,那么这个非个体性的集体生命之兴衰依然取决于我们对个体权利的保护或者破坏。

如果我们研究人们的政治-伦理观念和情感,这也会带领我们得出类似的结论。不同种类的原始人向我们表明,在政府出现以前,远古的习俗对私人的权利有所承认,而且为其存续提供证明。在不同的国家之间,法律条文各自演化,但是对侵害人身、财产和公民自由的行径都加以禁止。这种协同一致说明:个体权利并非人为创制,而是自然所需。随着社会进步,在习俗中早已确立的权利,在法律中也变得越来越确凿和明晰。同时,政府也在更大范围内保护这些权利。政府在变成一个更好的权利保护者,与此同时,政府也越来越少做出侵犯行径——越来越少地涉入私人的行动领域。最近也如过去,人们公开改革法律,使之更好地适用于当时的公正观念。所以现今,法律的改革者也受到公正观念的指导,公正观念并不来自法律,法律反而需要去遵从公正观念。

此处,通过理论分析和历史考察,我们证明了这个政治-伦理理论。我们对此有何反对证据?目前流行的反对理论也被证明毫无根据。一方面,我们发现维系个体生命和社会生命都意味着维系付出与所得之间的自然关系,我们也发现在政府成立之前,这种自然关系就已经得到认可,而且通过不断地自我证明和自我再确证,最终在法律条文和伦理体系中获得更充分的承认。另一方面,对那些拒绝自然权利学说的人来说,他们自认为权利是借助法律的人为创制,然而这种观点不仅仅与事实绝然相悖,而且也自相矛盾。当此等学说受到质疑时,他们努力证明其合理性,却也陷入明显荒谬的境地。

不仅如此，当我们把一个含混的通俗观点以更为明确的形式重新建立起来，建立在一个科学的基础上时，这将使得我们可以理性地思考多数人意志和少数人意志之间的关系。结果就是，那些所有人都会自愿结合而加以推行的合作，那些在推进中多数人意志具有正当的至高无上性的合作，都是为了维系各种必要条件，以有助于个体生命和社会生命。抵抗外部侵略者以保护整个社会，长远的目的是保护每个公民，保护他们拥有收入以满足自身的欲望，保护他们拥有自由以获得更多的收入。抵抗内部侵害者以保护每个公民，使得他们从免受谋杀到免受邻居的干扰，这些明显也是为了同样的目的——人们都希望免受犯罪与失序之苦。因此，为了维系这条对个体生命和社会生命来说都至关重要的原则，少数人服从多数人才是为正当，这意味着只有为了更好地保护每个个体的自由和财产，人们才能对这些自由和财产进行干涉。同时，在此限度之外，少数人服从多数人并无根据。换言之，这意味着如若逾越保护个体的必要条件，而对个体进行更大的干预，那么就是违背上述本应该加以维护的关键原则。

因此，让我们重新回到之前的命题上来，人们设想议会拥有神圣权利，以及默认大多数人拥有神圣权利，然而这些看法不过是一种迷信。当人们放弃旧有的理论，放弃其对国家权威来源的解释之时，他们依然保有旧有理论中的某些信念，他们认为国家的权威不受限制，但是这种想法并不与新的理论相一致。过去人们认为统治者是神的代理人，于是人们将凌驾于臣民之上的无限权力赋予该统治者，这多少还有些道理；现今早已无人主张统治机构是神的代理，然而人们还是将无限的权力赋予统治机构。

反对者可能会主张，讨论政府权威的来源并且对其进行限制不过是在卖弄学问。"政府，"他们可能会说，"必定会使用任何其所有以及所能有的方法，来推动普遍幸福。政府的目的必须是效用(utility)。它被授权可以采用任何必需的手段，来实现有效用的目的。人民的福利是其最高法则。当立法者被问及他们权力的来源及其范围之时，他们不会被吓退，而放弃遵守上述法则。"我们真能从这种反对中逃离出来，还是说逃生之路已经被有效断绝？

我们提出的关键性质疑是，通俗观念中功利主义理论是否是真理；此处，我们给出的回答是，通俗观念中的观点并不正确。功利主义道德学家的主张，以及政客对其自知或不自知的追随从而做出的行动，这两者如出一辙地暗示说，观察当下的事实和估计其可能结果，人们就能直接对效用做出判定。但是，如果我们正确理解功利主义，那么功利主义应该以对经验进行分析而后得出普遍结论作为其指导。"结果的好坏并非偶然，而是事物本性的必然结果。"而"道德科学的任务就是从生命法则和存在条件开始，去推断何种行动必然产生幸福，而何种行动必然产生不幸"[①]。然而，目前功利主义者的猜想正如目前"务实的"政治一般，展现了对自然因果律的粗浅认知。人们惯常的思维是如果没有明显的阻碍，那么他们就可以这样或那样行事，但是人们不会去质疑如此行事与事物的正常秩序相吻合还是相冲突。

我想上述讨论表明，效用的真正意义以及随之而来的政府的

① *Date of Ethics*, § 21. See also § § 56-62.

正当行动,并无法通过观察表面事实和接受粗浅解释就可以得到确认,而是需要关联到根本的事实上,并从其中进行推导来获得全面的认识。这些根本事实是所有有关效用的理性判断都必须加以追溯的,这些事实就是生命由特定活动构成,也由之维持。对社会中的人来说,这些活动必须相互限制,每个个体应该在此限制范围内进行活动,而不应该在此之外进行活动:因此维持界限就是管理社会的机构的职能。自此,每个个体都能自由地使用其力量,除非受到他人同等自由所产生的约束,因而个体能从他的同胞那里获得其所做贡献的等价回报,正如他人也能获得自身贡献的等价回报。如果每个个体都如此一致地履行契约,以此给他们自己带来契约所规定的份额,那么每个人都会享有人身和财产安全,而且在此过程中,他们也满足了自身所需。此时,关乎个体生命和社会生命的关键原则也就得到维系。更进一步,如果这种有助于社会进步的关键原则得到维系,那么在此等情况下,相较于那些价值较低的个体,最具价值的个体将更为兴盛、更能繁衍。所以,效用也不再基于经验性估计,而是由理性所决定,效用要求保护个体权利,借此也否定了所有侵犯个体权利的行径。

在此处,我们也得出最终的禁令,以反对干预式立法。最简单来说,如果任何人提议要超出公民各种活动之间的相互限制而对其施加进一步的干预,那么就是在提议通过破坏生命的根本条件来改善生命。立法禁止人们购买啤酒,以防止人们喝醉,那些制定此法的人假定这种干预带来的好处将多于坏处,但这种干预干扰了行动及其结果之间的正常关系。这种想法既出现在所谓的少数人的恶政中,也出现在所谓的多数人的善政中。政府从众多民众的收入中抽取一部分，来将一些人送往殖民地，然而这些人并不能在那里繁盛起来；政府还以此来建造更好的工业住宅，建造公共图书馆和公共博物馆；等等。此政府竟理所当然地认为，扰乱实现普遍幸福的必要条件，将会在短期内和长远处增进普遍幸福。然而，实现普遍幸福的必要条件恰恰是每个人必须能尽其所能追求幸福，而这需要他的行动不被干涉。在其他事例中，我们不应鼠目寸光而失之长远。当我们宣称财产神圣以对抗私人侵犯之时，我们并非在讨论当人们从面包师那里拿走面包来接济饥饿之人，饥饿之人所获的益处是否大于面包师所遭受的损失：我们所考虑的不是特定的后果，而是无法保证财产安全所带来的普遍后果。但是，当国家从公民那里汲取更多钱财之时，当国家对公民自由做出更多限制之时，我们只考虑到其直接的和短期的后果，而忽略了其间接的和长远的后果。当对个人权利的侵犯持续增加之时，这些间接的和长远的后果也将愈发严重。我们不曾想见，如果这些细微的侵犯累积起来，那么个体生命和社会生命生存所需的关键条件也无法被正常地加以保证，以至于生命也将衰败。

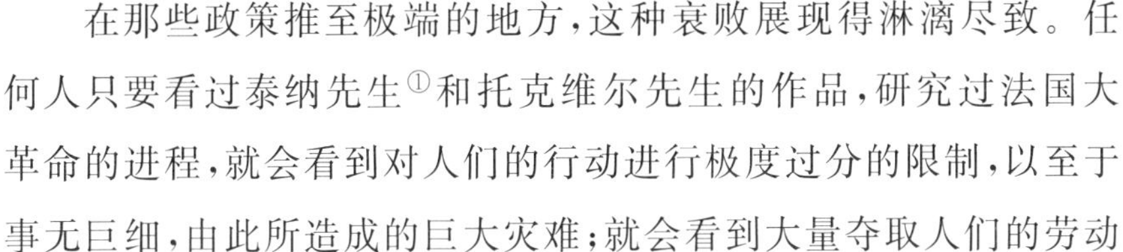

在那些政策推至极端的地方，这种衰败展现得淋漓尽致。任何人只要看过泰纳先生[①]和托克维尔先生的作品，研究过法国大革命的进程，就会看到对人们的行动进行极度过分的限制，以至于事无巨细，由此所造成的巨大灾难；就会看到大量夺取人们的劳动

① 希波吕特-阿道夫·泰纳（Hipppolyte-Adolphe Taine，1828—1893）是法国思想家、批评家和历史学家。泰纳对法国的自然主义、社会学实证主义和历史主义批评有很大影响，他也被视为文学历史主义的先驱。泰纳著有五卷本的《现代法国的起源》（*Les Origines de la France Contemporaine*），其中第2—4卷的时间段为法国大革命。——译者

所得来供养管制组织，以至于很快就造成人们的生命无法持续。那个时代基于经验的功利主义者，就像我们现在基于经验的功利主义者一样，他们与基于理性的功利主义者不同，他们只从各个案例中总结对特定人群的行动进行特定干预所导致的后果，而忽视这些繁多干预对人们生命活动所造成的普遍后果。如果我们探究是什么在以前并且也在现在造成了这种错误，那么我们会发现是如下的政治迷信——迷信政府的权力不受任何限制。

“神圣性”“环绕国王”，也给予国王那蕴含权力的身体以光晕，但是这种“神圣性”已经完全消退。现今在民众统治的国家中，人们也开始明确洞见到政府不过是一个管理委员会，而且人们也将认识到这个管理委员会没有任何内在的权威。那么不可避免的结论将会是政府的权威不过由委托人授予，而且也受制于委托人施加的限制。此外，更为深入的结论将是对政府所通过的法律来说，其自身内在并没有神圣性，相反，无论这些法律有何种神圣性，其神圣性全都应该归于伦理上的授权——我们发现这种伦理授权源自社会条件下人类生命的法则。接下来的推论将是：如果法律未经伦理授权，那么也就没有神圣性，从而人们可以合理对其进行质疑！

过去，自由主义的职能是限制国王的权力。将来，真正的自由主义的职能将是限制议会的权力。

后　记

"我是否能期待人们会普遍接受这个学说?"我希望我能说:"是的!"然而不幸的是,各种各样的理由都迫使我得出以下结论:在各个地方,只有独立的公民才会修正自身的政治信条。在这些理由中,有一项理由是其他所有理由的根源所在。

这个本质上的理由就是,将政府权力限制在指定范围内,这仅仅适用于生产形态的社会,而这种限制与军事形态的社会全然不相容,也与半军事半生产形态的社会部分不相容。半军事半生产形态的社会是目前先进国家的典型特征。在社会演化的各个阶段,实践和信念必须相当一致——我所说的是实质上的信念而非名义上的信念。生命的持续完全依赖于知行合一。环境所要求的行动必须修正信念,使得信念与自身相适应,被改变的信念最终同样的也会对行动加以调整。

因此,如果在某些社会条件下,维持社会生命活动需要人们全然地服从统治者,需要人们完全地信仰统治者,那么建立一个有关服从或信仰的理论,就会十分合适,甚至极为重要。相反,如果在另一些社会条件下,公民对政府的绝对服从不再是保存国民生命的必需,如果国民生命在数量上的增大和在质量上的提高与公民自由行动的增多步调一致,那么公民的政治理论就会有进步性的调整，这也会减弱公民对政府行动的信仰，增强他们质疑政府权威的倾向，导致他们在更多情况下抵抗政府权力，最终建立起限制政府的学说。

所以，我们也不应该期望目前有关政府权威的观念在今日会有多大程度的变化。然而还是让我们来细致地考察一下，考察一下这种改变的必要性。

显而易见，军队的胜利在极大程度上取决于士兵对将军的信任：如果士兵对将军的能力并不信任，那么这将使得士兵在战场上失去行动能力；如果士兵绝对信任将军，那么这将使得他们各个部分都充满勇气和精力。正如在正常发展的军事形态的社会中，如果和平时期的统治者和战争时期的领导者是同一个人，那么人们对他的信任也会从军事行动层面拓展到世俗行动层面。此时，社会大体上与军队没有区别，人们也愿意把他的判断看成是法律。在有些地方，世俗头领即便已经不再是军队头领，而是通过代理人来实现自己的指挥，但人们对他仍然怀有传统的信任感。

同样的，人们也愿意服从他。在其他条件都相同的情况下，不驯服之人组成的队伍会在驯服的队伍面前败下阵来。显然，相较于无视派遣命令的人，言听计从、令行禁止的人更有可能在战场上获得胜利。而社会作为一个整体也像军队一样。战争中的胜利必然绝大程度上取决于对领袖意志的服从，当需要之时，领袖可以调配人力和财力，并且调整所有行动。

所以通过最适者生存，军事形态的社会以对统治权力的绝对信仰为特征，同时人们也忠诚于统治权力，在任何事务上都对之加以服从。那些在军事社会中思考政治事务的人必然倾向于建立理论来为所需的观念和情感提供证明，该理论主张立法者即使没有本质上的神圣性，也受神圣之引导，并且人们对立法者的无条件服从，也由神圣性所规定。

以军事形态的组织为基础的观念和情感，要有所改变，也只有发生在环境有利于发展生产形态的组织之时。维系生产性活动的是自愿合作而不是强制合作，正如我们所知，生产性的生命活动使得人们习惯于独立活动，导致他们强调自身的权利，同时也尊重他人的权利，从而增强了他们对个体权利的意识，促使他们抵抗政府的过度控制。然而，有助于战争减少的环境条件，虽然缓慢但也逐渐地出现，从由军事主导的生命活动转变到由生产主导的生命活动，以此所造就的人们在本性上的改变也只能逐渐进行。鉴于以上因素，旧有的情感和观念让位于新的情感和观念的过程也只能慢慢地产生。种种理由都表明，这种转变不仅逐渐发生而且必须逐渐发生。一些理由如下：

在原始人和稍微文明化的人那里，并没有促使人们进行广泛的自愿合作的天性。人们自愿把自己的努力和他人的努力联合起来，以求共同的利益，如果这一项合作事业的规模足够大型，也意味着需要有一种这些人所未曾有的坚持不懈。此外，如果合作所追求的利益是长远而且罕见的，正如那种现代人联合起来所追求的利益那般，那么他们也需要一种构建性的想象力，而这种想象力我们无法在未文明化之人的头脑中找到。再说，为了规模生产、大型产业或其他目的而在私人之间开展大型合作，这需要合作的劳动者之间有各个层级上的服从，正如在军队中所产生的那种各个层级上的服从一样。换而言之，正如我们所知，我们需要通过军事形态才能迈向发达的生产形态。军事形态通过纪律化的训练，使得人们能够在长时段中持续工作，使得他们情愿听从命令来行动（而这种行动也不再由暴力强迫而是由契约协定来实现），并且使得他们习惯于在组织中获得更大的成果。

所以，经过长时段的社会演化，为了管理所有的但也简单的事务，一个程度深远、范围广阔的管理性权力必然会出现，人们也相应地相信它和遵守它。因此，有关早期文明的记载和我们现在在东方所见到的现象都告诉我们以下事实，也即只有通过国家的行动才能铸就大型事业。只有通过缓慢的过程，自愿合作才能取代强制合作，此时人们对政府能力和政府权威的信仰也会相应地衰退。

然而，战争的长久持续，也使得维系这种信仰相当重要。这也意味着人们要持续信赖和遵从管制机构，因为管制机构能在进攻时或防御时调动所有的社会力量。因而，必然有政治理论来对这种信仰和遵从加以证明。尽管这些情感和观念会对和平产生长久的威胁，但是人们还是应该信赖政府的权威，因为这些情感和观念能够给予政府凌驾于众人之上的适当暴力，以应对战争——不可避免的，这种对政府权威的信仰也会在战争的目的之外，给予政府凌驾于众人之上的暴力。

因此正如开头所言，我无法期望之前的学说能被人们广泛接受，根本理由就在于我们现在仅仅从军事体制中一脚迈出来，也才刚刚一脚踏入到生产体制中，而这个学说在生产体制中才算合适。只要主张恨的宗教凌驾于主张爱的宗教之上，那么现今的政治迷信必然有其根基。环视全欧，统治阶级的早期文化就是天天佩剑以表达对古典时期立下赫赫战功的英雄的钦慕，只有在礼拜日他们才遵从禁令，卸下佩剑——这些统治阶级所服膺的道德纪律，七分之六来自异教的典范，七分之一才是基督教传统；所以，这也不可能发展出那种国际关系，使得政府权力的缩减切实可行，使得政治理论上的相应改变广为接受。就我们对殖民地事务的管理而言也是如此。当原始部落对那些伤害他们的英国人进行报复之后，英国人也对他们进行惩罚，但不是根据原始人以命抵命的原则进行惩罚，而是以一种“更为文明”的原则来惩罚他们：对他们进行大规模屠杀来报复其所犯下的简单谋杀。所以现今只主张不侵犯行动的政治学说也少有机会得到流传。

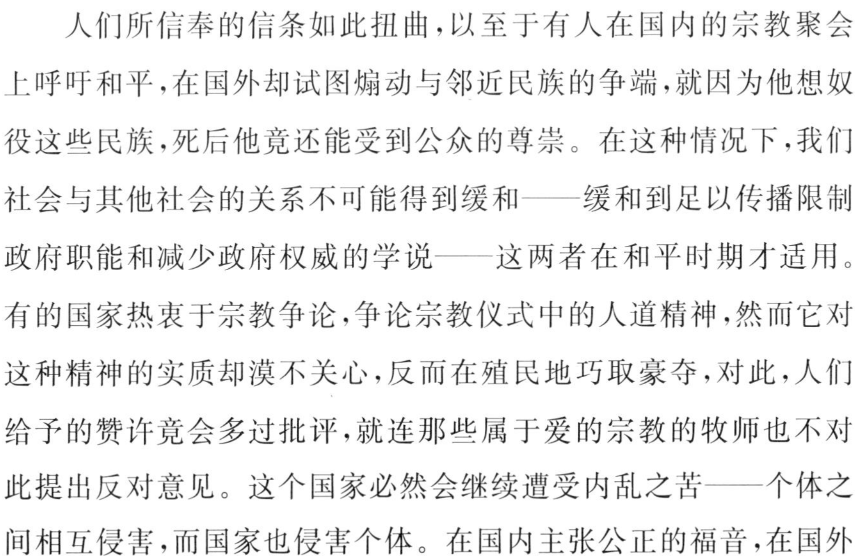

人们所信奉的信条如此扭曲，以至于有人在国内的宗教聚会上呼吁和平，在国外却试图煽动与邻近民族的争端，就因为他想奴役这些民族，死后他竟还能受到公众的尊崇。在这种情况下，我们社会与其他社会的关系不可能得到缓和——缓和到足以传播限制政府职能和减少政府权威的学说——这两者在和平时期才适用。有的国家热衷于宗教争论，争论宗教仪式中的人道精神，然而它对这种精神的实质却漠不关心，反而在殖民地巧取豪夺，对此，人们给予的赞许竟会多过批评，就连那些属于爱的宗教的牧师也不对此提出反对意见。这个国家必然会继续遭受内乱之苦——个体之间相互侵害，而国家也侵害个体。在国内主张公正的福音，在国外大干不公正的勾当，没有国家能结合起这两者。

当然，有人会质疑说：为什么要列举和强调这个无法适用于我们现今时代的理论呢？

如果有人将某个理论看成是真实的而且重要的，那么他就有责任尽其所能去宣传它，而不管其结果如何。在这种通常的答复之外，还有一些更为具体的回应，每一条都足以作答。

首先，理想状态尽管可能离实现还有很长的一段距离，但也总是提供正确指导的必备条件。如果时间条件必然造成这些妥协，或者说是人们设想如此，那么在这些妥协中，我们也就无法对社会组织的好坏得出正确的认识。如果除了当下的手头之事外，人们并不关心其他事务，如果人们总是把近处的最好当成终极的最好，那么我们也就不可能有任何真正的进步。无论目标多么遥远，无论在迈向目标的过程中干扰因素多么频繁地使我们偏离航道，显然我们总是需要知道目标坐落在何处。

其次，就现有运行着的国际关系来说，目前个体对国家的服从以及适用于这种情况的政治理论，都还十分必要；但是完全没有必要加深这种服从程度，并且强化已有的理论。我们时代的慈善事业颇为兴盛，很多人渴望通过终南捷径为那些贫穷同胞谋求收益，于是他们积极致力于发展那种只适用于低级社会形态的管理体制。他们试图推动社会进步，反而造成了社会退步。前进道路上的日常险阻本来已经足够巨大，可悲的是人们反而加重了这种困难。因此，如果我们能够告知慈善家说，在许多情况下，他们急切地追求人们的当下幸福，将会给人们带来未来的苦难，那么他们才有可能去做那些值得做的事。

无论如何，最重要的一点是要让所有人都将此条重大真理铭记在心，纵使目前少有人认识到此条真理。这项真理就是社会的内政和外交紧密结合，以至于如若一端不得到本质性的改善，那么另一端也不会出现重大的改进。我们应该在国际正义上长期践行更高的标准，而后我们才能在国内体制中就正义问题享有更高的标准。上述的依赖关系确有其事，如果对此的认识能在文明人中传播开来，那将会在很大程度上阻止彼此之间的侵犯行为，借此，也会减轻管理体系的暴力性，同时适当地改变人们的政治理论。

斯宾塞著作表*

1836 年，撰写有关济贫法的文章。

1842 年，开始在《不服从者》(*The Nonconformist*)上连载 12 封涉及政治思想的信。

1843 年，将 12 封信集结成小册子，以《政府职能的正当范围》(*The Proper Sphere of Government*)为题出版。

1851 年，出版《社会静力学》(*Social Statics*)。

1855 年，出版《心理学原理》(*The Principles of Psychology*)一卷本。

1857 年，出版《科学、政治与猜想文集》(*Essays Scientific Political and Speculative*)第 1 卷。

1858 年，首次提出有关演化论的完整构想。

1860 年，确立起一个有关综合哲学体系(a system of synthetic philosophy)的写作计划；将前几年在报纸和杂志上发表的有关教育的文章集结成册，以《论教育：智力、道德和体育教育》(*Education: Intellectual Moral and Physical*)为题出版。

1862 年，出版《第一原理》(*First Principles*)。

1863 年，出版《科学、政治与猜想文集》第 2 卷。

1864 年，出版《生物学原理》(*The Principles of Biology*)第

* 本表为中译者所作。

1 卷。

1867 年，出版《生物学原理》第 2 卷。

1870 年，改订《心理学原理》为两卷本，出版第 1 卷。

1872 年，开始陆续出版《描述社会学》(*Descriptive Sociology*)，该系列在社会演化论的指导下对各个种族的材料进行收集与分类。

1873 年，出版《社会学研究》(*The Study of Sociology*)。

1874 年，出版《科学、政治与猜想文集》第 3 卷。

1875 年，着手撰写自传。

1876 年，出版《社会学原理》(*The Principles of Sociology*)第 1 卷。

1877 年，改订《社会学原理》第 1 卷第 2 版。

1879 年，出版《社会学原理》第 2 卷第 4 部分《礼仪机构》(*Ceremonial Institutions*)；出版《伦理学原理》(*The Principles of Ethics*)第 1 卷第 1 部分《伦理学的材料》(*The Data of Ethics*)。

1880 年，出版两卷本《心理学原理》第 2 卷。

1882 年，出版《社会学原理》第 2 卷第 5 部分《政治机构》(*Political Institutions*)。

1884 年，出版《个体与国家》(*The Man Versus the State*)。

1885 年，改订《社会学原理》第 1 卷第 3 版；出版《社会学原理》第 3 卷第 6 部分《宗教机构》(*Ecclesiastical Institutions*)。

1891 年，增订《科学、政治与猜想文集》，收入 1882 年后的文章以三卷本形式再版；出版《伦理学原理》第 2 卷第 4 部分《社会生活的伦理学:正义》(*The Ethics of Social Life: Justice*)。

1892年,出版《伦理学原理》第1卷第2部分《伦理学的归纳》(*The Induction of Ethics*)、第3部分《个体生活的伦理学》(*The Ethics of Individual Life*);改订《社会静力学》第2版。

1893年,出版《伦理学原理》第2卷第5部分《社会生活的伦理学:消极仁慈》(*The Ethics of Social Life: Negative Benevolence*)、第6部分《社会生活的伦理学:积极仁慈》(*The Ethics of Social Life: Positive Benevolence*)。

1896年,出版《社会学原理》第3卷第7部分《职业机构》(*Professional Institutions*)、第8部分《生产机构》(*Industrial Institutions*)。

1897年,改订《伦理学原理》,集合成两卷本再版。

1898年,改订《生物学原理》第2版;改订《社会学原理》,集合成三卷本再版。

1904年,出版《自传》(*An Autography*)两卷本。

斯宾塞年表与历史事件表*

1815 年，拿破仑战争结束，维也纳体系建立，英国采取大陆均衡政策，以免除来自欧陆的军事威胁。

1820 年，斯宾塞出生于英格兰德比郡。父亲为乔治·斯宾塞，家庭宗教色彩浓厚，斯宾塞父亲不满母亲的卫理公会信仰，而多参加贵格会聚会。据斯宾塞记述，其父亲具有强烈的自助精神和道德感，反对权威和礼仪，充满同情心。乔治的主业是教师，教学内容多为数学和物理，曾多次修订自己编写的几何教材，信奉裴斯泰洛齐的教学方法，主张男女教育平等。乔治同时也是德比郡哲学学会的秘书，该学会由达尔文的祖父伊拉斯谟·达尔文(Erasmus Darwin)创立，学会中盛行演化论思想。

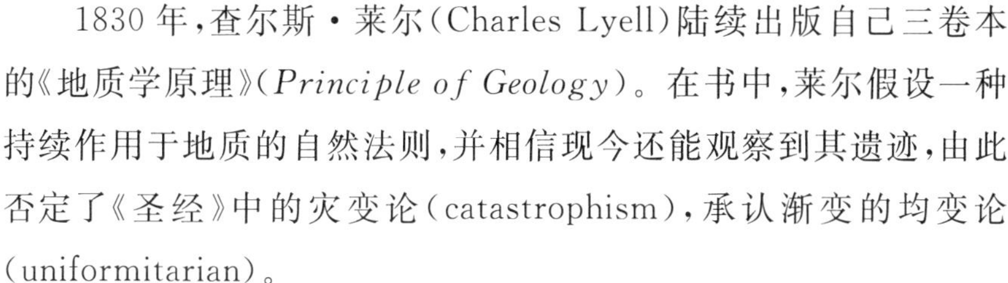

1830 年，查尔斯·莱尔(Charles Lyell)陆续出版自己三卷本的《地质学原理》(*Principle of Geology*)。在书中，莱尔假设一种持续作用于地质的自然法则，并相信现今还能观察到其遗迹，由此否定了《圣经》中的灾变论(catastrophism)，承认渐变的均变论(uniformitarian)。

1832 年，英国推动第一次议会改革法案，取消衰败选区的同时赋予城市选区男性选民以选举权。自此，符合一定财产条件的

* 本表为中译者所作。

土地所有者、佃农、小店主、房屋所有者和房屋租客都可享有选举权，选民数量从约 45 万增长至 65 万。

1833 年，13 岁时，斯宾塞被送到叔叔托马斯·斯宾塞处接受教育。托马斯是巴斯地区附近辛顿查特豪斯教区的牧师，任正职的同时也接收住宿学生，教导和帮助他们上大学。托马斯就是按照这套模式来培养侄子斯宾塞的。托马斯原本也是非国教教徒，为了进入牛津大学而改信国教，但生活和教育方式仍具有很强的禁欲特质。在叔叔这里，斯宾塞排斥以古典语言为基础的文人教育，而是喜欢数学和力学等自然科学。

1834 年，英国推动济贫法改革，希望能够减少济贫开支和穷人数量，并帮助他们自力更生。新济贫法将身体健全之人的贫困归因于道德败坏，并将他们集中到济贫院，强制其劳动以换得救济。

1836 年，斯宾塞就济贫法问题在巴斯地方杂志上发表小文一篇。

1837 年，维多利亚女王即位。英国掀起铁路建设大潮，斯宾塞进入伦敦，在伯明翰铁路公司担任绘图员和勘探师，后升任工程师。

1841 年，斯宾塞成为全国普选联盟(Complete Suffrage Union)在德比郡的代表。

1843 年，约翰·密尔出版《逻辑体系》(*A System of Logic: Ratiocinative and Inductive*)一书。伦敦民族学学会(London Ethnographical Society)成立，该协会致力于对现有人类或者过去人类的物理特质和道德特质进行分类与描绘，而不做规律总结。斯宾塞与约瑟夫·斯特奇(Joseph Sturge)相识，斯特奇为全国普选运动(Complete Suffrage Movement)的主席,斯宾塞在该组织办的激进刊物处做助理主编。

1846年,英国首相保守党领袖罗伯特·皮尔(Robert Peel)因爱尔兰大饥荒而主张废除《谷物法》,这导致保守党分裂。《谷物法》的废除也被后世视为英国迈入自由贸易时代的标志。

1848年,欧陆革命风起云涌,失败后,各路革命家汇聚伦敦,带来了大量欧陆思想。斯宾塞定居伦敦,在《经济学人》(*The Economist*)任助理编辑;他开始参加其出版商约翰·查普曼(John Chapman)的社交圈子,该圈子由众多持激进立场的伦敦知识分子组成,圈内有约翰·密尔、哈利特·马丁诺(Harriet Martineau)、乔治·刘易斯(George Lewes)等人。

1851年,第一届万国博览会在伦敦开幕。斯宾塞与乔治·艾略特结识并产生情愫,奈何最终两人有缘无分。

1852年,孔德学说成为查普曼圈子的核心关注点,斯宾塞在艾略特的带领下开始阅读孔德的《实证哲学教程》(*Cours de Philosophie Positive*)。斯宾塞与托马斯·赫胥黎相识。

1853年,克里米亚战争爆发。其间,佛罗伦斯·南丁格尔(Florence Nightingale)开始在战地医院使用统计学图表进行伤患统计。叔叔托马斯·斯宾塞去世,斯宾塞继承其遗产,开始专职从事写作。

1854年,伦敦暴发霍乱,约翰·斯诺(John Snow)开始运用空间统计学进行流行病学调查。斯宾塞受查普曼委派第一次出国,去往法国,在此他遇见孔德,两人有过短暂的非学术交流。

1856年,斯宾塞第一次感到精神崩溃,从此他的余生长期被精神衰弱和失眠困扰，不得不在伦敦市郊过着半隐居的写作生活。

1857年，英属印度殖民地爆发大起义。英国促进社会科学国民协会(The National Association for the Promotion of Social Science)成立。

1859年，密尔《论自由》、狄更斯《双城记》、达尔文《物种起源》三书出版。

1860年，英法达成自由贸易协议。赫胥黎与牛津大主教塞缪尔·威尔伯福斯(Samuel Wilberforce)在牛津大学博物馆就演化论展开大论战。斯宾塞明确自己的十卷本综合哲学写作计划。

1861年，亨利·梅因(Henry Maine)《古代法》一书出版，提出由身份(status)到契约(contract)的社会演化思想。

1863年，伦敦人类学学会(The Anthropological Society of London)成立，早先的协会会员多数受过医学训练，喜欢解剖学和人体结构研究，他们拒斥功利主义的普遍人性假设，但是也没有信奉达尔文传统的进化论。协会试图打破当时英国各个学会定下的学科界限，确定人与其他哺乳动物之间的关系。

1864年，斯宾塞与朋友一同组建X俱乐部，俱乐部成员主要是英国当时著名的科学家①，他们定期聚会讨论科学等问题。

1865年，约翰·麦克伦南(John McLennan)出版《原始婚姻》

---

① 该俱乐部除了斯宾塞外都是英国皇家学会会员，包括赫胥黎、丁达尔、约翰·胡克(John Hooker)、达尔文表亲约翰·卢柏克(John Lubbock)、爱德华·弗兰克兰(Edward Frankland)、乔治·巴斯克(George Busk)、阿瑟·赫斯特(Arthur Hirst)、威廉·斯波蒂斯伍德(William Spottiswoode)，达尔文和赫尔霍姆兹(Hermann von Helmholtz)也作为客人受邀参加聚会。

一书。

1866 年，斯宾塞的父亲乔治去世。

1867 年，英国推动第二次议会改革法案，首次赋予英格兰和威尔士城市地区部分男性劳工以选举权。改革前，英格兰和威尔士地区 700 万男性中不过 100 万享有选举权，1867 年法案推行后，选民数量立刻翻倍，至 1868 年底，几乎所有男性家主都获得选举权。斯宾塞被雅典娜俱乐部（Athenæum Club）选为俱乐部成员，俱乐部汇集了当时英国科学、文学和艺术领域的杰出代表。斯宾塞的母亲哈莉特・赫尔姆斯（Harriet Holmes）去世。

1868 年，威廉・格莱斯顿（William Gladstone）作为自由党领袖第一次组阁，任内推动国民教育改革、文官制度改革等举措，斯宾塞强烈反对这些官僚集权举措。

1870 年，普法战争推动了欧陆军备竞赛和官僚体系的建立。

1872 年，白芝浩（Walter Baghot）出版《物理学与政治学》（*Physics and Politics*）一书，提出由习俗管理（government by convention）到协商管理（government by discussion）的社会演化思想。

1880 年，第一次布尔战争爆发。战后，南非共和国从英帝国统治下独立出来，后者依然保有干涉前者外交事务的权力。

1883 年，德国动物学家奥古斯都・魏斯曼（August Weismann）提出种质说（germ-plasm），批判拉马克以来的获得性遗传观念。

1884 年，英国推动第三次议会改革法案，选举权由市镇扩展到乡村，年交租 10 英镑或所有土地价值 10 英镑的男性均可享有选举权。1885 年的登记选民数量约为 500 万。

1886 年,查尔斯·布斯(Charles Booth)开启了对伦敦生活和伦敦劳工的大型调查,随后 15 年间陆续出版了 17 册调查报告。贝特丽丝·韦布(Beatrice Webb)作为布斯妻子的表亲兼任调查员。韦布夫人自小由斯宾塞看着长大,随着对社会调查的深入研究,韦布夫人开始发现斯宾塞式的社会理论与布斯式的社会调查之不同,并质疑斯宾塞的理论流于空想。斯宾塞对她的回应是:理论是生理学研究,调查是病理学研究,要认识前者才有后者,而且病理学建立后也需要生理学的帮助才能解决问题。斯宾塞精神状态恶化导致其写作生涯进入尾声。

1891 年,托马斯·麦凯(Thomas Mackay)主编的《呼吁自由》(*A Plea for Liberty: An Argument Against Socialism and Socialistic Legislation*)一书出版,斯宾塞撰写导言。

1893 年,赫胥黎受邀在牛津大学的罗马尼斯讲座上演讲,演讲内容于次年集结成《演化论与伦理学》(*Evolution and Ethics*)出版,对斯宾塞把伦理过程和自然过程视为同一自然进程的思想有所批判。

1903 年,斯宾塞逝世,享年 83 岁。葬礼上,印度人克里希纳瓦尔马(Shyamji Krishnavarma)宣布捐资在牛津大学设立以斯宾塞为名的讲师职位以纪念其贡献。死后,斯宾塞葬于伦敦北郊海格特公墓(Highgate Cemetery),与卡尔·马克思、乔治·艾略特的墓地毗邻。

译　后　记

时光荏苒，本书从2018年暑假着手翻译，到2021年收入“通识社会经典丛书”出版，再到2023年有幸选入“汉译世界学术名著丛书”改订付梓，已经经历了五年时光。五年间从京城到羊城，从学生到编辑，世事变迁中跨过了而立之年，仍旧与文字和时间打交道。翻译作为一项吃力不讨好的工作，总能磨去少年意气。最终，希望本书的不断修订能使之切磋琢磨成一件手工艺品，纵使无法尽善尽美，但足以分享给师长、朋友和读者，在时光中穿梭与沉淀，终成一项无憾乐事。

相较于收入“通识社会经典丛书”的2021年版《个体与国家》，这个版本的内容完全沿袭了1885年出版的单行本。如是改动，既是为了完全贴合原书编目，还原时代风貌；也是希望能抽出这12封信与之早年的其他政论杂文编目成《政治与社会》一书，另行出版，以满足大众阅读与助益学界研究。本译作的底本是Herbert Spencer, *The Man Versus the State*, London: William & Norgate, 1885。此外，译者在翻译过程中还参考了英文选编本Herbert Spencer, *Political Writings*, John Offer ed., London: Cambridge University Pres, 1993，及中译本谭小勤等译《国家权力与个人自由》（华夏出版社2000年版）和张肖虎、赵颖博译《论政府》（中央编译出版社 2017 年版）。译注则根据大英百科全书、个人读书札记与研究论文等材料整理而成。水平有限，难免错漏，望有心读者批评指正。

在此，译者强烈推荐读者进一步比对上述约翰·奥佛（John Offer）教授的选编本。该书收入雷蒙德·格斯（Raymond Geuss）和昆汀·斯金纳（Quentin Skinner）主编的“剑桥政治思想史系列丛书”，并由中国政法大学出版社以《斯宾塞政治著作选》为名影印出版。奥佛先生为英国阿尔斯特大学（University of Ulster）教授，是英文世界研究斯宾塞思想的杰出学者，著有《赫伯特·斯宾塞和社会理论》（*Herbert Spencer and Social Theory*）一书。在这个选编本中，奥佛教授十分细致地查明了斯宾塞各处引用的具体出处，并做说明和修正。此外，奥佛教授在选编本开头撰写有一篇极富洞见的导言，同时开列了一个英文世界研究斯宾塞学说的关键书单，可谓十分难得的学术指津。

还需要说明的是，正文四篇文章的发表时间集中在斯宾塞声誉日薄西山的花甲之年。纵然在这段写作生涯的后期，斯宾塞依旧对政府和政治抱有比较消极的态度，但是他对政治建制与社会管理的全然拒斥有了很大缓和。这是因为他逐渐跳出英格兰不服从国教者反对一切世俗建制的思想传统，不再用非黑即白的规范性态度来裁断所有政治管理和社会变迁；此时，他更为深入地考察自然史与人类史，正视政治组织和军事组织带来的诸多正向作用，比如，组织管理为大规模的强制性社会合作提供纪律化基础，从而为社会过渡到自愿合作奠定人性与心理秩序。这种缓和与 19 世纪五六十年代维多利亚时期英国人的智识取向紧密相关——维多利亚时期的学者着力于收集和整理各种博物学和民族志材料，其中许多社会思想家开始采用社会有机体（social organism）理论来想象社会整体，并用社会演化论（social evolution）来解释社会变迁。这种社会思潮也是英国社会学在政治经济学和道德改良主义（ameliorism）之外的一大理论传统。[①]

虽然社会有机论和社会演化论为斯宾塞学说润色进不少的历史血肉，但这四篇文章作为发表在当时主流刊物上的“政治檄文”，依然带有很强的论战性质，观点也较为激进。因此，读完本书后，斯宾塞不免很容易给读者留下一大刻板印象——强硬的个体主义者和放任自由主义者。这固然是斯宾塞思想中的一种面相，但仅止于此，也会导致我们陷入一叶障目的境地，看不到斯宾塞社会思想的丰富维度，以致难以洞见他对维多利亚时代政治社会思想和社会人类学思想复杂且深远的影响。译者认为该整体图景的补全有两条并行不悖且相互促进的理路：一是更多译介与研究斯宾塞的政论文章，尤其是三卷本《科学、政治与猜想文集》中的相关文章，从政治思想的演进角度考察他与维多利亚智识传统的互动关系；二是翻译与深耕斯宾塞的社会思想，着重关注三卷本《社会学原理》，将其政治思想置于更为广阔的英格兰社会理论与人性论传统中加以考察。此等问题还需留待感兴趣与有心力的读者日后与译者一同努力，路漫漫其修远兮，吾辈上下而求索。

最后，本译作的出版离不开渠敬东老师和王楠老师多年来有

① 对此有兴趣的读者可以参看 Philip Abrams, *The Origins of British Sociology, 1834 - 1914: An Essay with Selected Papers*, Chicago: University of Chicago Press, 1968。

缘的耐心教诲与支持，离不开中大博雅学院与北大“海德格尔读书会”各位师长和同侪的厚待与关爱，离不开人生各个阶段有幸相逢的同学和友人的宽容与理解，更是离不开邹雅嘉女士的日常鼓励和亲人们的默默奉献，是和大家在一起，我才有勇气走到这里，乃至继续前行！同时还要感谢商务印书馆和责任编辑的辛苦劳动，以及友人易建鹏的无私校对，是大家的努力才使得此书终能付梓，从而有幸入选我自年少时就仰慕与捧读的“汉译世界学术名著丛书”。

谨以此书献给时光与缘分！

林斯澄

癸卯夏改订于广州淘金

图书在版编目(CIP)数据

个体与国家/(英)赫伯特·斯宾塞著；林斯澄译．—北京：商务印书馆，2024
(汉译世界学术名著丛书：120年纪念版：珍藏本：增订本)
ISBN 978-7-100-23620-1

Ⅰ.①个… Ⅱ.①赫…②林… Ⅲ.①社会学—研究 Ⅳ.①C91

中国国家版本馆CIP数据核字(2024)第073917号

汉译世界学术名著丛书
(120年纪念版·珍藏本·增订本)
个体与国家
〔英〕赫伯特·斯宾塞 著
林斯澄 译

商 务 印 书 馆 出 版
(北京王府井大街36号 邮政编码100710)
商 务 印 书 馆 发 行
北京市十月印刷有限公司印刷
ISBN 978-7-100-23620-1

2024年5月第1版 开本 710×1000 1/16
2024年5月北京第1次印刷 印张 11¼
定价：58.00元